Obstáculos ao Financiamento de Pequenas e Médias Empresas por meio do Mercado de Ações no Brasil

Obstáculos ao Financiamento de Pequenas e Médias Empresas por meio do Mercado de Ações no Brasil

2020

Gabriela Andrade Góes

ALMEDINA

OBSTÁCULOS AO FINANCIAMENTO DE PEQUENAS E MÉDIAS EMPRESAS POR MEIO DO MERCADO DE AÇÕES NO BRASIL

AUTOR: Gabriela Andrade Góes

DIRETOR ALMEDINA BRASIL: Rodrigo Mentz
EDITORA JURÍDICA: Manuella Santos de Castro
EDITOR DE DESENVOLVIMENTO: Aurélio Cesar Nogueira
ASSISTENTES EDITORIAIS: Isabela Leite e Larissa Nogueira

PREPARAÇÃO E REVISÃO: Arlete de Sousa e Lyvia Felix
DIAGRAMAÇÃO: Almedina
DESIGN DE CAPA: Roberta Bassanetto

ISBN: 9786556271545
Dezembro, 2020

Dados Internacionais de Catalogação na Publicação (CIP)
(Câmara Brasileira do Livro, SP, Brasil)

Góes, Gabriela Andrade
Obstáculos ao financiamento de pequenas e médias empresas por meio do Mercado de Ações no Brasil / Gabriela Andrade Góes. -- 1. ed. -- São Paulo : Almedina, 2020.

ISBN 978-65-5627-154-5

1. Acordo de acionistas 2. Ações (Finanças) 3. Direito financeiro - Brasil 4. Investimentos 5. Mercado de capitais - Leis e legislação 6. Sociedade anônima - Capital aberto I. Título.

20-48038 CDU-34:336(81)

Índices para catálogo sistemático:

1. Direito financeiro 34:336(81)

Aline Graziele Benitez - Bibliotecária - CRB-1/3129

Este livro segue as regras do novo Acordo Ortográfico da Língua Portuguesa (1990).

EDITORA: Almedina Brasil
Rua José Maria Lisboa, 860, Conj.131 e 132, Jardim Paulista | 01423-001 São Paulo | Brasil
editora@almedina.com.br
www.almedina.com.br

AGRADECIMENTOS

Agradeço à Escola de Direito de São Paulo da Fundação Getulio Vargas, que, por meio da Bolsa Mario Henrique Simonsen, possibilitou a realização deste trabalho e do curso de mestrado acadêmico.

Um agradecimento especial à professora Mariana Pargendler, exemplo de dedicação e brilhantismo profissional. Foi um inestimável privilégio tê-la como orientadora acadêmica. Serei sempre extremamente grata pela orientação zelosa, por todos os conselhos e instigantes provocações.

Agradeço também aos demais professores do programa de mestrado da Escola, em especial aos professores Mario Gomes Schapiro, Viviane Muller Prado e Maíra Rocha Machado, cujos cursos lecionados foram uma oportunidade ímpar de aprendizado.

Para a realização desta obra, foi essencial a colaboração prestada por Ronaldo Baumgarten Júnior e Soraya Alves, que gentilmente auxiliaram na indicação do contato das pessoas entrevistadas. Assim, agradeço também a todos que generosamente disponibilizaram parte de seu estimado tempo para a realização das entrevistas que integram parte substancial deste livro.

Aos professores presentes nas bancas de qualificação e defesa, Luciana Pires Dias, Viviane Muller Prado e Francisco Satiro de Souza Junior, agradeço pela leitura crítica e pelas valiosas provocações que contribuíram enormemente para o desenvolvimento deste trabalho.

Agradeço, ainda, aos colegas de mestrado pela amizade e pelas inquietações partilhadas. Muito obrigada, Ana, Bárbara, Bruno, Carlos, Ezequiel, Isac, Liana, Pedro e Theófilo.

Aos meus familiares e amigos, sou grata pelo apoio e pela compreensão diante de todas as limitações e ausência que a realização deste projeto impôs. Em especial, agradeço imensamente ao Vicente, meu marido amado, pelo apoio e pelo estímulo diários, pela paciência e pelo carinho, essenciais para que eu pudesse superar dificuldades e desenvolver este trabalho. Aos meus pais, minha eterna e profunda gratidão. Esta obra é fruto do apoio e de todas as oportunidades que vocês me proporcionaram. Também agradeço às minhas irmãs, Juliana e Giovana, e ao meu irmão, Bruno, pelas conversas e pela agradável companhia nos momentos de lazer. Ao meu avô Adolfo, exemplo de dedicação e amor à profissão, agradeço pelo generoso auxílio que viabilizou minha mudança e permanência em São Paulo. Finalmente, agradeço aos meus padrinhos por todo o apoio e pelo amor, em especial à minha madrinha Andrea, que carinhosamente me acolheu durante os anos de graduação em Curitiba.

PREFÁCIO

O desenvolvimento do mercado de capitais está entre as mais clássicas temáticas do campo do direito e do desenvolvimento no Brasil. O tema foi objeto dos primeiros trabalhos de David Trubek em sua missão no país nos anos 1960, ajudando a inspirar a famosa experiência de "autoestranhamento" entre os pioneiros da área. O mesmo assunto foi, ainda, objeto de relevante estudo sociológico por Fernando Henrique Cardoso na mesma década, o qual identificou óbices culturais e jurídicos ao financiamento externo e à abertura do capital de companhias fechadas.

É certo que muita coisa mudou no mercado acionário brasileiro desde os esforços desenvolvimentistas do governo militar nos anos 1960. Após o Brasil fechar o milênio com um cenário de marcante decadência e estagnação de seu mercado, os anos 2000 testemunharam crescimento abrupto das aberturas de capital (oferta pública inicial – IPO) e da capitalização de mercado no país, impulsionadas pela criação do Novo Mercado, segmento diferenciado de governança corporativa. Em 2007, o Brasil figurava como o terceiro país no mundo que mais arrecadou recursos com IPOs, atrás apenas dos Estados Unidos e da China. A capitalização de mercado da bolsa de São Paulo pela primeira vez alcançou o valor do Produto Interno Bruto em 2008.

Contudo, se é bem verdade que os avanços foram consideráveis, também é certo que eles foram incompletos. Em especial, o crescimento do mercado de capitais brasileiro beneficiou quase exclusivamente as empresas de grande porte. Surge, então, a questão: por que o mercado de capitais brasileiro sistematicamente tem se mostrado pouco atraente para as empresas pequenas e médias?

Essa questão, tão importante como difícil, foi justamente objeto de valiosíssimo trabalho de pesquisa por Gabriela Andrade Góes em sua dissertação de mestrado acadêmico na FGV DIREITO SP. Pautada por imensa curiosidade e competência, a pesquisadora buscou solucionar esse quebra-cabeças mediante a realização de diversas entrevistas em ambos os polos do mercado. De um lado, verificou o polo da oferta, colhendo a percepção de acionistas controladores e diretores de empresas de pequeno ou médio porte que permanecem tendo seu capital fechado. De outro, estudou o polo da demanda, buscando os posicionamentos e posturas de fundos de investimento e demais investidores institucionais como potenciais adquirentes de ações de companhias pequenas e médias que viessem a abrir seu capital.

Os resultados alcançados são notáveis, contribuindo para a formulação de um diagnóstico sobre as causas do atual *status quo* e as possíveis reformas institucionais para superá-las. Alguns dos óbices apresentados – como os custos da abertura de capital, a resistência à divulgação de informações e o temor quanto à perda do controle familiar – confirmam considerações antigas e sempre atuais. Foram ainda identificados novos empecilhos aos já conhecidos, como a relutância das pequenas e médias empresas em adotar boas práticas de governança corporativa, cada vez mais valorizadas pelo mercado. Por fim, eles indicaram os potenciais investidores que a conjuntura econômica vigente até então, caracterizada por altíssimas taxas de juros, desencorajava o investimento em ações de pequenas e médias empresas sujeitas a maior risco.

Já em 2020, em contexto de relevante queda da taxa de juros básica, a esperança pela superação dos impedimentos ao acesso das pequenas e médias empresas ao mercado de capitais é maior do que nunca. A obra *Obstáculos ao financiamento de pequenas e médias empresas por meio do mercado de ações no Brasil* constitui leitura obrigatória para operadores do direito, estudantes e formuladores de políticas que se interessem pela nobre e fundamental missão de auxiliar o Brasil a aproveitar a oportunidade histórica para o acesso de pequenas e médias empresas ao mercado de capitais, propiciando a expansão e a democratização do capitalismo no país.

Mariana Pargendler
Doutora e Bacharel em Direito pela Universidade Federal do Rio Grande do Sul. Doutora (J.S.D.) e Mestre (LL.M.) em Direito pela Yale Law School. Professora em tempo integral da Graduação em Direito, do Mestrado Acadêmico e do Mestrado Profissional em Direito da Escola de Direito de São Paulo da Fundação Getulio Vargas (FGV DIREITO SP), onde é diretora do Núcleo de Direito, Economia e Governança (NDEG). Global Associate Professor of Law da New York University (NYU) School of Law. Professora Visitante da Stanford Law School (2014-2015).

LISTA DE ABREVIATURAS E SIGLAS

ABDI – Agência Brasileira de Desenvolvimento Industrial
BACEN – Banco Central do Brasil
BADESC – Agência de Fomento de Santa Catarina
BNDES – Banco Nacional de Desenvolvimento Econômico e Social
BRDE – Banco Regional de Desenvolvimento Econômico do Extremo Sul
CEMEC – Centro de Estudos de Mercado de Capitais
CVM – Comissão de Valores Mobiliários
FIESC – Federação das Indústrias do Estado de Santa Catarina
FINEP – Financiadora de Estudos e Projetos
IBMEC – Instituto Brasileiro de Mercado de Capitais
IBRI – Instituto Brasileiro de Relações com Investidores
IFC – International Finance Corporation
IOSCO – International Organization of Securities Commission
OCDE – Organização para a Cooperação e Desenvolvimento Econômico
OMC – Organização Mundial do Comércio
PMEs – Pequenas e Médias Empresas
Sebrae – Serviço Brasileiro de Apoio às Micro e Pequenas Empresas
WFE – World Federation of Exchanges

SUMÁRIO

INTRODUÇÃO

A afirmação da importância do desenvolvimento financeiro para o crescimento econômico, bem como do Direito para o desenvolvimento financeiro, encontra, atualmente, relativo consenso entre os economistas.[1] Há um conjunto considerável de evidências que apontam para a relação entre direito, desenvolvimento financeiro e crescimento econômico.[2]

Uma série influente de artigos sustenta que o sucesso do desenvolvimento dos sistemas financeiros em diferentes países depende de suas origens jurídicas e da regulação para a proteção dos investidores.[3] A hipótese principal

1 PARGENDLER, Mariana. *Evolução do Direito Societário*: Lições do Brasil. São Paulo: Saraiva, 2013. p. 41.

2 MAYER, Colin. Economic Development, Financial Systems, and the Law. *In:* MOLONEY, Niamh; FERRAN, Eilís; PAYNE, Jennifer. *The Oxford Handbook of Financial Regulation*. Oxford: Oxford University Press, 2015. p. 42-67; DAVIS, Kevin; TREBILCOCK, Michael. The Relationship Between Law and Development: Optimists versus Skeptics. *The American Journal of Comparative Law*, v. 56, n. 4, p. 171, 895-946, 2008; LEVINE, Ross. Financial Development and Economic Growth: View and Agenda. *Journal of Economic Literature*, v. 35, p. 688-726, 1997; RAJAN, Raghuram; ZINGALES, Luigi. Financial Dependence and Growth. *The American Economic Review*, v. 88, n. 3, p. 559-586, 1998.

3 LA PORTA, R.; LOPEZ-DE-SILANES, F.; SHLEIFER, A. The Economic Consequences of Legal Origins. *Journal of Economic Literature*, v. 46, n. 2, p. 285-332, 2008; LA PORTA, R. *et al.* Investor Protection and Corporate Governance. *Journal of Financial Economics*, v. 58, n.1, p. 3-27, 2000; LA PORTA, R. *et al.* Law and Finance. *Journal of Political Economy*, v. 106, p. 1113-1155, 1998; LA PORTA, R. *et al.* Legal Determinants of External Finance. *Journal of Finance*, v. 52, p. 1131-1150, 1997. As conclusões desses estudos, porém, foram fortemente criticadas em razão de problemas de codificação por SPAMANN, Holger. The "Antidirector Rights Index" Revisited. *Review of Financial Studies*, v. 23, n. 2, p. 467-485, 2009. O estudo de DJANKOV,

desses estudos é a de que, quanto maior a proteção conferida aos acionistas e credores pelo sistema jurídico de determinado país, mais financiamento externo as empresas desse país poderão obter.[4] Tais estudos, porém, não são isentos de críticas e estão acompanhados de outras teorias que buscam enfatizar o papel de outros fatores, além do Direito, como as normas sociais, o ambiente político ou a dependência de trajetória para o desenvolvimento do mercado de capitais.[5]

Ademais, a questão do papel exercido pelo Direito para o desenvolvimento financeiro pode ser analisada de diferentes formas. Uma dessas formas consiste em entrevistar participantes do mercado, com o objetivo de compreender os fatores institucionais e político-econômicos que moldam o acesso das empresas ao financiamento.[6]

Buscando contribuir para a compreensão do papel do Direito no desenvolvimento do mercado de capitais, a presente obra consiste em um estudo sobre o financiamento de pequenas e médias empresas (PMEs) por meio do mercado de ações, tendo como objetivo identificar os fatores que explicam a participação inexpressiva dessas empresas nesse mercado.

O estudo de questões relacionadas a PMEs se justifica, sobretudo, pelo importante papel exercido por essas empresas na economia.[7] Em primeiro lugar, porque a maioria das empresas em atividade no Brasil são classificadas

Simeon *et al.* The Law and Economics of Self-Dealing. *Journal of Financial Economics*, v. 88, n. 3, p. 430-465, 2008 apresenta correções a esses problemas de codificação.

[4] SIEMS, Mathias; DEAKIN, Simon. Comparative Law and Finance: Past, Present and Future Research. *Journal of Institutional and Theoretical Economics*, v. 166, n. 1, p. 120-140, 2010, p. 121.

[5] Para uma revisão dessas críticas, ver BLACK, Julia. Financial Markets. *In:* CANE, Peter; KRITZER, Herbert. *The Oxford Handbook of Empirical Legal Research*. Oxford: Oxford University Press, 2010. p. 151-175; GORGA, Érica. *Direito Societário Atual*. Rio de Janeiro: Elsevier, 2013; PARGENDLER, Mariana. *Evolução do Direito Societário*: Lições do Brasil. São Paulo: Saraiva, 2013.

[6] SIEMS, Mathias; DEAKIN, Simon. Comparative Law and Finance: Past, Present and Future Research..., 2010, p. 120; ARMOUR, John; LELE, Priya. Law, Finance and Politics: The Case of India. *Law & Society Review*, v. 43, n. 3, p. 491-526, 2009.

[7] Estudos recentes demonstram que o desenvolvimento de PMEs está estreitamente relacionado com o crescimento econômico. ARDIC, Oya; MYLENKO, Nataliya; SALTANE, Valentina. Small and Medium Enterprises: A Cross-Country Analysis with a New Data Set. *World Bank Policy Research Working Paper 5538*, 2011. p. 2. Disponível em: http://documents.worldbank.org/curated/pt/967301468339577330/Small-and-medium-enterprises-a-cross-country-analysis-with-a-new-data-set.

como pequenas e médias. Em 2013, a distribuição do número de empresas por porte no Brasil era a seguinte: mais de 3 milhões de pequenas empresas, entre 15 e 20 mil empresas médias e 3 mil empresas grandes.[8] Esse quadro é verificado não apenas no Brasil. De acordo com uma pesquisa desenvolvida pela Organização Mundial do Comércio (OMC), em todos os países a maioria das empresas se enquadra na categoria de micro, pequena ou média empresa.[9]

Além disso, a contribuição de PMEs para o PIB em países de alto rendimento é bastante significativa, representada por 50% do PIB, em média.[10] O estudo de Ayyagari *et al.*, baseado em uma amostra de 76 países, sendo 33 desenvolvidos e 43 em desenvolvimento, demonstra que a contribuição de PMEs para o PIB é de 49% em países desenvolvidos e de 35% em países em desenvolvimento.[11]

No Brasil, a contribuição das PMEs para a formação do PIB também é significativa. Um estudo realizado pelo Sebrae, com dados referentes ao período de 2009 a 2011, demonstrou que a contribuição das micro e pequenas empresas para a formação do PIB do setor de serviços foi de 36,2%, do setor de comércio; de 53,4%, e do setor de indústria; de 22,5% na média do período considerado.[12] Nesse mesmo período, a participação das médias empresas para a formação do PIB foi de 6,7% no setor de serviços, de 8,3% no setor de comércio e de 24,5% no setor de indústria.[13]

[8] AGÊNCIA BRASILEIRA DE DESENVOLVIMENTO INDUSTRIAL (ABDI) *et al. Incentivos à Abertura de Capital em Bolsa de Valores*: Relatório Final. 2013. Disponível em: http://acervo.ci.fdc.org.br/AcervoDigital/Relatórios%20de%20Pesquisa/Relatórios%20de%20pesquisa%202013/Incentivos%20a%20abertura.pdf.

[9] WORLD TRADE ORGANIZATION (WTO). *Levelling Trading Field for SMEs* – World Trade Report, 2016. p. 14. Disponível em: https://www.wto.org/english/res_e/booksp_e/world_trade_report16_e.pdf.

[10] AYYAGARI, Meghana; BECK; Thorsten; DEMIRGÜÇ-KUNT, Asli. Small and Medium Enterprises Across the Globe. *Small Business Economics*, v. 29, p. 415-434, 2007, p. 423.

[11] AYYAGARI, Meghana; BECK, Thorsten; DEMIRGÜÇ-KUNT, Asli. Small and Medium Enterprises Across the Globe..., 2007, p. 423.

[12] SEBRAE. Participação das Micro e Pequenas Empresas na Economia Brasileira, 2014. p. 35-40. Disponível em: https://www.sebrae.com.br/Sebrae/Portal%20Sebrae/Estudos%20e%20Pesquisas/Participacao%20das%20micro%20e%20pequenas%20empresas.pdf.

[13] SEBRAE. Participação das Micro e Pequenas Empresas na Economia Brasileira, 2014. p. 35-40.

A relevância das PMEs para a economia também pode ser observada pela contribuição que essa categoria de empresas oferece em termos de postos de trabalho. Um estudo desenvolvido por Ayyagari *et al.*, com a utilização de dados do Banco Mundial, analisa a contribuição de PMEs para a geração de postos de trabalho em 99 países em desenvolvimento.[14] O resultado desse estudo demonstra que, na maioria desses 99 países, as PMEs são responsáveis pela geração de mais de dois terços dos postos de trabalho formais privados e não agrícolas.

A contribuição das PMEs para a geração de postos de trabalho também é observada no Brasil. Dados do estudo do Sebrae anteriormente referido demonstram que, no setor de serviços, na média do período de 2009 a 2011, as micro e pequenas empresas responderam por 44% do pessoal ocupado; no setor de comércio, 70% do pessoal ocupado estava alocado nas micro e pequenas empresas, e, no setor de indústria, esse dado corresponde a 42%.[15] Nesse mesmo período, as empresas de médio porte foram responsáveis, em média, por 6,7% do pessoal ocupado no setor de serviços, por 5,7% do pessoal ocupado no setor de comércio e por 25% no setor de indústria.[16]

Apesar da relevância das PMEs para a economia dos países, essas empresas sofrem com problemas de acesso a financiamento. Diversos estudos demonstram que as PMEs enfrentam barreiras muito maiores do que as grandes empresas para a obtenção de financiamento externo, o que limita sua capacidade de crescimento e desenvolvimento.[17] Em geral, as PMEs encaram dificuldades para obter financiamento em bancos comerciais, especialmente empréstimos de longo prazo.[18] Isso decorre de razões como falta de garantias, dificuldade em comprovar capacidade de crédito, fluxos de caixa pequenos,

[14] AYYAGARI, Meghana; DEMIRGÜC-KUNT, Asli; MAKSIMOVIC, Vojislav. *Small vs. Young Firms Across the World:* Contribution to Employment, Job Creation, and Growth. World Bank Policy Research Working Paper 5631, 2011.

[15] SEBRAE. Participação das Micro e Pequenas Empresas na Economia Brasileira, 2014. p. 34-40.

[16] SEBRAE. Participação das Micro e Pequenas Empresas na Economia Brasileira, 2014. p. 34-40.

[17] ARDIC, Oya; MYLENKO, Nataliya; SALTANE, Valentina. Small and Medium Enterprises: A Cross-Country Analysis with a New Data Set, 2011, p. 3.

[18] INTERNATIONAL FINANCE CORPORATION (IFC). The SME Banking Knowledge Guide, 2010. p. 12. Disponível em: http://sme.ebi.gov.eg/Documents/Finance/SME%20Banking%20Guide%202009.pdf. Acesso em: 10 ago. 2020.

altos prêmios de risco, pouco desenvolvimento de relações banco-mutuário e altos custos de transação e problemas de informação.[19] Esses motivos que inibem ou tornam insuficiente o acesso de PMEs a fontes de financiamento externo acabam gerando empréstimos mais custosos e arriscados para as instituições financeiras, o que torna as taxas de juros mais altas para essas empresas do que para as maiores.[20]

Uma pesquisa desenvolvida por Beck *et al.* analisou os padrões de financiamento utilizados por PMEs em diferentes países e concluiu que o acesso de empresas menores a fontes externas de financiamento é significativamente menor do que o de empresas grandes.[21] A dificuldade de acesso de PMEs a fontes de financiamento também é demonstrada pela pesquisa desenvolvida em conjunto pela B3 (atual denominação da BM&FBovespa), CVM, BNDES, ABDI e Financiadora de Estudos e Projetos (Finep), que integraram o denominado Projeto Ofertas Menores.[22] Essa pesquisa coletou dados de 159 empresas, das quais 36,4% são pequenas, 47,2% são médias e 16,4% são grandes.[23] Dessas 159 empresas, 79 afirmaram que os lucros retidos têm um grau alto de importância para o financiamento da empresa, seguido do crédito direcionado e do empréstimo em banco privado, cuja importância foi destacada como sendo

[19] INTERNATIONAL FINANCE CORPORATION (IFC). The SME Banking Knowledge Guide, 2010. p. 7; ARDIC, Oya; MYLENKO, Nataliya; SALTANE, Valentina. *Small and Medium Enterprises*: A Cross-Country Analysis with a New Data Set, 2011. p. 3. WORLD TRADE ORGANIZATION. *Levelling Trading Field for SMEs* – World Trade Report, 2016. p. 94.

[20] WORLD TRADE ORGANIZATION. *Levelling Trading Field for SMEs* – World Trade Report, 2016. p. 94.

[21] BECK; Thorsten; DEMIRGÜÇ-KUNT, Asli; MAKSIMOVIC, Vojislav. Financing Patterns Around the World: Are Small Firms Different? *Journal of Financial Economics*, v. 89, n. 3, p. 467-487, 2008, p. 476.

[22] Como será detalhado adiante, o desenvolvimento desse projeto partiu do entendimento de que o mercado de capitais deveria funcionar como uma alavanca de crescimento para as empresas brasileiras, bem como da constatação das limitações do mercado brasileiro em relação ao de outros países, em que predominam ofertas menores. DIAS, Luciana P.; PEREIRA, Cristina; ARANHA, Bruno Caldas. O Financiamento das Empresas e o Acesso ao Mercado de Capitais por Pequenas e Médias Empresas – Projeto Ofertas Menores. *In:* SARDENBERG, Amarílis Prado (Org.). *Desenvolvimento do Mercado de Capitais no Brasil:* Temas para Reflexão. São Paulo: Editora Sociologia e Política, 2015. p. 189.

[23] Nesse estudo, as empresas foram classificadas por seu porte a partir do critério baseado no número de funcionários. AGÊNCIA BRASILEIRA DE DESENVOLVIMENTO INDUSTRIAL (ABDI) *et al. Incentivos à Abertura de Capital em Bolsa de Valores*: Relatório Final. 2013. p. 134.

alta para, respectivamente, 68 e 53 empresas da amostra. Por outro lado, a emissão de debêntures e a utilização de recursos de *venture capital* ou *private equity* foram apontadas como altamente importantes apenas por, respectivamente, 5 e 7 empresas da amostra.[24]

O mercado de ações brasileiro não é, portanto, uma fonte relevante de financiamento para as PMEs. A dificuldade de acesso dessas empresas ao mercado de ações é evidenciada, especialmente, pelo tamanho médio das ofertas públicas iniciais de ações. O valor médio de emissões primárias de ações em operações de abertura de capital no mercado brasileiro é um dos maiores do mundo.[25] O relatório final do estudo desenvolvido pelo Comitê de Ofertas Menores demonstra, a partir de dados da B3, que entre 2004 e 2012 o volume médio captado pelas empresas foi muito alto, o que revela que o mercado acionário brasileiro está concentrado em grandes empresas.[26] O tamanho médio de uma oferta pública inicial de ações (*initial public offering* – IPO) entre 2004 e 2013 foi de R$ 1,3 bilhão, sendo de R$ 591 milhões a menor média verificada no período, em 2006.[27]

Ademais, quando analisadas as ofertas públicas de ações ocorridas entre 2004 e 2015, verifica-se que, das 231 ofertas realizadas, 52 estão entre R$ 350 e 500 milhões; 93 estão entre R$ 500 milhões e 1 bilhão e 54 estão acima de R$ 1 bilhão.[28] Assim, são poucas as ofertas inferiores a R$ 350 milhões. O alto valor mínimo das ofertas públicas de ações demonstra que as PMEs

[24] AGÊNCIA BRASILEIRA DE DESENVOLVIMENTO INDUSTRIAL (ABDI) *et al. Incentivos à Abertura de Capital em Bolsa de Valores*: Relatório Final. 2013. p. 138.

[25] Ver seção 2.2, que compara o valor médio das emissões primárias de ações no Brasil com o valor observado em outros países.

[26] O volume médio captado pelas empresas no mercado acionário foi o seguinte (em R$ MM): em 2004 – R$ 641; em 2005 – R$ 605; em 2006 – R$ 591; em 2007 – R$ 694; em 2008 – R$ 261; em 2009 – R$ 563; em 2010 – R$ 1.010; em 2011 – R$ 652; em 2012 – R$ 1.311. AGÊNCIA BRASILEIRA DE DESENVOLVIMENTO INDUSTRIAL (ABDI) *et al. Incentivos à Abertura de Capital em Bolsa de Valores*: Relatório Final... 2013. p. 35; DIAS, Luciana P.; PEREIRA, Cristina; ARANHA, Bruno Caldas. O Financiamento das Empresas e o Acesso ao Mercado de Capitais por Pequenas e Médias Empresas – Projeto Ofertas Menores... p. 189.

[27] DIAS, Luciana P.; PEREIRA, Cristina; ARANHA, Bruno Caldas. O Financiamento das Empresas e o Acesso ao Mercado de Capitais por Pequenas e Médias Empresas – Projeto Ofertas Menores... p. 195.

[28] Esses dados sobre as ofertas públicas de ações envolvem tanto ofertas públicas iniciais quanto ofertas subsequentes. MATTOS FILHO, Ary Oswaldo; VILELA, Renato; RODRIGUES, Virgínia. Perplexidades do Mercado Secundário. *In:* VELLOSO, João Paulo dos

não conseguem utilizar o mercado de ações para o financiamento de suas operações e seus investimentos.[29]

Esta obra tem como objetivo, então, identificar quais são os fatores que podem explicar a participação inexpressiva de empresas de pequeno e médio porte no mercado de ações brasileiro, a fim de contribuir para a compreensão do papel do Direito no desenvolvimento do mercado de capitais.

Reis (Org.). Superando o Drama Brasileiro – Brasil – 2022: Bicentenário da Independência. Rio de Janeiro: Fórum Nacional, v. 1, p. 367-375, 2016.

[29] MATTOS FILHO, Ary Oswaldo; VILELA, Renato; RODRIGUES, Virgínia. Perplexidades do Mercado Secundário... p. 372 e 375.

Capítulo 1 – Metodologia

A pergunta de pesquisa a que esta obra busca responder é a seguinte: o que explica a participação inexpressiva das pequenas e médias empresas (PMEs) no mercado de ações brasileiro?

Essa pergunta de pesquisa se justifica porque a literatura[30] que trata sobre o tópico de estudo apresenta diferentes implicações observáveis sobre os motivos que limitam a possibilidade de acesso ao mercado de ações por PMEs. A pesquisa a ser desenvolvida busca coletar novos dados a respeito desses fatores e, a partir deles, extrair inferências teóricas que contribuam para o entendimento do papel do Direito no desenvolvimento do mercado de capitais.

Para responder à pergunta de pesquisa, os dados foram coletados a partir da utilização dos métodos de análise documental e de entrevistas.[31]

[30] De maneira mais significativa, citam-se os estudos desenvolvidos no âmbito do Projeto Ofertas que analisaram obstáculos para o desenvolvimento do segmento de acesso à bolsa de valores brasileira e que buscaram propor iniciativas que possam contribuir para a utilização do mercado de capitais como fonte de financiamento de PMEs. AGÊNCIA BRASILEIRA DE DESENVOLVIMENTO INDUSTRIAL (ABDI) *et al. Incentivos à Abertura de Capital em Bolsa de Valores*: Relatório Final... 2013; AGÊNCIA BRASILEIRA DE DESENVOLVIMENTO INDUSTRIAL (ABDI) *et al.* Diagnóstico do Grupo de Trabalho, Experiências Internacionais, Utilização do Mercado de Capitais para o Financiamento de Pequenas e Médias Empresas por Meio de Ações, 2012. Disponível em: http://www.bmfbovespa.com.br/lumis/portal/file/fileDownload.jsp?fileId=8A828D294F270E45014F6BD476AB2CDD.

[31] WEMBLEY, Lisa. Qualitative Approaches to Empirical Legal Research. *In:* CANE, Peter; KRITZER, Herbert. *The Oxford Handbook of Empirical Legal Research.* Oxford: Oxford University Press, 2010. p. 927-948, p. 928.

O método de análise documental empregado assume o termo documento como "todo texto escrito, manuscrito ou impresso, registrado em papel."[32] De maneira mais específica, os documentos usados na pesquisa consistem em trabalhos de outros pesquisadores que se debruçaram sobre objetos de estudo análogos, relatórios de instituições públicas ou privadas que tratem do tema de pesquisa, normas que regem aspectos relacionados ao tema e transcrições das entrevistas realizadas. Os documentos analisados foram identificados a partir de pesquisas em bases de dados.

As entrevistas realizadas[33] buscaram identificar os fatores que explicam a participação inexpressiva de PMEs no mercado de ações brasileiro. Como será exposto adiante, foram entrevistados dois grupos de atores que influenciam o problema de pesquisa de formas diversas. O primeiro grupo de entrevistados é composto por agentes que poderiam emitir ações no mercado de valores mobiliários como forma de financiar sua atividade empresarial; e o segundo grupo se refere aos agentes que poderiam ter interesse em adquirir as ações dessas empresas como opção de investimento. A partir da realização dessas entrevistas, o trabalho busca complementar outros estudos que analisaram o tema com base em métodos de pesquisa diversos.

Em geral, os estudos que tratam das dificuldades de acesso de PMEs ao mercado de ações, no Brasil e em outros países, utilizam outros métodos de pesquisa e, em especial, o método de questionário. As conclusões de pesquisas do Banco Mundial e da Organização para a Cooperação e Desenvolvimento Econômico (OCDE) decorrem da análise de debates promovidos por essas instituições e de revisão de literatura.[34] Estudos da *International Organization of Securities Commission* (IOSCO) e da *World Federation of Exchanges* (WFE) sobre

[32] CELLARD, Andre. A Análise Documental. *In:* PIRES, Álvaro P. *et al. A Pesquisa Qualitativa*: Enfoques Epistemológicos e Metodológicos. Petrópolis: Vozes, 2008. p. 297.

[33] Todas as entrevistas foram realizadas durante o ano de 2017, no contexto da pesquisa que resultou nesta obra.

[34] Essas pesquisas são analisadas no Capítulo 2, seção 2.3.1. HARWOOD, Alison; KONIDARIS, Tanya. SME Exchanges in Emerging Market Economies: A Stocktaking of Development Practices. *World Bank Policy Research Working Paper*, n. 7160, 2015, p. 5.; OECD. Opportunities and Constraints of Market-Based Financing for SMEs, 2015. Disponível em: https://www.oecd.org/finance/financial-markets/Opportunities-and-Constraints-of-Market-based-Financingfor-SMEs.pdf. Acesso em: 12 dez. 2017; NASSR, Iota; WEHINGER, Gert. Opportunities and Limitations of Public Equity Markets for SMEs. *OECD Journal Financial Market Trends*, v. 2015/1, p. 49-84, 2016.

o acesso de PMEs ao mercado de capitais estão especialmente baseados nos resultados de questionários enviados aos países-membros dessas instituições.[35]

Da mesma forma, o método de questionário é majoritariamente adotado nas pesquisas desenvolvidas pelo Comitê de Ofertas Menores;[36] pelo Instituto Brasileiro de Relações com Investidores (IBRI) com a Deloitte;[37] por Carlos Rocca e Lauro dos Santos Jr. pelo Centro de Estudos do Instituto Brasileiro de Mercado de Capitais (IBMEC);[38]e por Fernando Henrique Cardoso.[39] Assim, a utilização do método de entrevistas neste livro justifica-se por analisar o problema de pesquisa por um meio pouco adotado na literatura sobre o tema.

Os entrevistados foram selecionados a partir da formação da amostra de pesquisa, para a qual foi adotada a amostragem por casos múltiplos e, de maneira mais específica, o princípio da diversificação e a "amostra por fileira". A amostragem por casos múltiplos consiste em um dos dois grandes grupos de classificação das amostras qualitativas,[40] e as pesquisas qualitativas

[35] INTERNATIONAL ORGANIZATION OF SECURITIES COMMISSION (IOSCO). *SME Financing Through Capital Markets*, Final Report, 2015. p. 1. Disponível em: https://www.iosco.org/library/pubdocs/pdf/IOSCOPD493.pdf. Acesso em: 15 jul. 2017. A pesquisa da WFE também realizou algumas entrevistas com indivíduos envolvidos no financiamento de PMEs por meio do mercado de capitais. WORLD FEDERATION OF EXCHANGES (WFE). *SME Financing and Equity Markets*, 2017. Disponível em: https://www.world-exchanges.org/focus/index.php/features/research/111-wfe-publishes-report-into-sme-financing-equity-markets. Acesso em: 15 dez. 2017.

[36] Ver seção 2.3.2. Essa pesquisa aplicou um questionário com 159 empresas e entrevistou 4 gestores de fundos de investimento. AGÊNCIA BRASILEIRA DE DESENVOLVIMENTO INDUSTRIAL (ABDI) *et al. Incentivos à Abertura de Capital em Bolsa de Valores*: Relatório Final... 2013. p. 134, 163.

[37] INSTITUTO BRASILEIRO DE RELAÇÕES COM INVESTIDORES (IBRI); DELLOITE. *Rumo à Abertura de Capital:* Percepções das Empresas Emergentes sobre os Entraves e Benefícios, 2013. p. 6. Disponível em: https://www2.deloitte.com/content/dam/Deloitte/br/Documents/audit/RumoAberturaCapital-IBRI.pdf Acesso em: 10 jun. 2016.

[38] ROCCA, Carlos A. *Elementos para uma Estratégia Nacional de Acesso ao Mercado de Capitais:* Diagnóstico e Propostas. Rio de Janeiro: Publit, 2013. p. 71.

[39] CARDOSO, Fernando Henrique. *Empresário Industrial e Desenvolvimento Econômico no Brasil.* São Paulo: Difusão Europeia do Livro, 1964. p. 6-7. No âmbito dessa pesquisa, foram enviados questionários para 288 empresas e entrevistadas 82 empresas.

[40] PIRES, Álvaro P. Amostragem e Pesquisa Qualitativa: Ensaio Teórico e Metodológico. *In*: PIRES, Álvaro P. *et al. A Pesquisa Qualitativa.* Enfoques Epistemológicos e Metodológicos. Petrópolis: Vozes, 2008. p. 175.

que realizam essa forma de amostragem geralmente adquirem duas formas: a de entrevistas com vários indivíduos e a de "estudos coletivos de casos".[41] É característico dessas pesquisas a busca pelo panorama mais completo possível dos problemas ou situações.[42] Nesse sentido, o princípio da diversificação é um critério-chave que deve orientar o pesquisador nas pesquisas qualitativas por casos múltiplos. Esse princípio foi utilizado pela pesquisa de dissertação como critério de seleção das amostras.

De maneira mais específica, como será demonstrado, o princípio da diversificação foi observado em sua forma de diversificação externa ou contraste. Essa modalidade se mostra mais ajustada aos objetivos da pesquisa, pois "se aplica quando a finalidade teórica consiste em apresentar um retrato global de uma questão".[43]

A partir desse critério, portanto, foram entrevistadas pessoas atuantes em setores diferentes e que representam posições diversificadas com relação ao problema de pesquisa. Nesse sentido, as entrevistas foram selecionadas de modo a abarcar duas perspectivas distintas do problema.[44] Essas duas perspectivas envolvem: um grupo referente aos agentes que poderiam emitir ações

[41] PIRES, Álvaro P. Amostragem e Pesquisa Qualitativa: Ensaio Teórico e Metodológico... p. 175.

[42] PIRES, Álvaro P. Amostragem e Pesquisa Qualitativa: Ensaio Teórico e Metodológico... p. 196.

[43] PIRES, Álvaro P. Amostragem e Pesquisa Qualitativa: Ensaio Teórico e Metodológico... p. 196.

[44] É preciso observar, porém, que essas duas perspectivas não são as únicas que afetam o problema de pesquisa, sendo esse um dos limites desta pesquisa. As perspectivas não abordadas nesta obra envolvem as de intermediários financeiros e auxiliares do processo de abertura de capital das companhias. A relação entre *(i)* intermediários financeiros e demais profissionais auxiliares da abertura de capital e *(ii)* financiamento de PMEs por meio do mercado de ações é estudada, por exemplo, em: HARWOOD, Alison; KONIDARIS, Tanya. SME Exchanges in Emerging Market Economies: A Stocktaking of Development Practices. *World Bank Policy Research Working Paper*, n. 7160, 2015; INTERNATIONAL ORGANIZATION OF SECURITIES COMMISSION (IOSCO). *SME Financing Through Capital Markets*, Final Report, 2015; OECD. Opportunities and Constraints of Market-Based Financing for SMEs, 2015. p. 3-4. Disponível em: https://www.oecd.org/finance/financial-markets/Opportunitiesand-Constraints-of-Market-based-Financing-for-SMEs.pdf; WORLD FEDERATION OF EXCHANGES (WFE); MILKEN INSTITUTE. Small and Medium-Sized Enterprises and SME Exchanges; WORLD FEDERATION OF EXCHANGES (WFE). *SME Financing and Equity Markets*, 2017. Disponível em: https://www.world-exchanges.org/focus/index.php/features/research/111-wfe-publishes-report-into-sme-financing-equity-markets; AGÊNCIA BRASILEIRA DE

no mercado de valores mobiliários como forma de financiar sua atividade empresarial; e outro grupo referente aos agentes que poderiam ter interesse em adquirir as ações dessas empresas como opção de investimento. No âmbito da primeira perspectiva, foram entrevistados os diretores ou os acionistas controladores ou sócios majoritários de oito empresas classificadas como de pequeno ou médio porte[45] que não realizaram a abertura de capital e a emissão de ações no mercado de valores mobiliários, bem como uma diretora de uma unidade regional do SESI-SC.

Para compor o segundo grupo de entrevistas, referente aos agentes que poderiam ter interesse em adquirir as ações dessas empresas como opção de investimento, foram selecionados gestores de fundos de investimento em participação, de fundos de investimento em ações e dois funcionários de um investidor institucional. A escolha por entrevistar esses agentes, dentro da categoria de investidores, é justificada pela caracterização das atividades que desempenham, bem como pela relevância da atuação desses agentes na condução de empresas ao processo de abertura de capital.[46] As organizações gestoras de *private equity* e *venture capital* captam recursos com investidores e os utilizam para investir em empresas, por meio de instrumentos como participações acionárias.[47] Assim, os gestores entrevistados podem contribuir com percepções sobre o interesse dos investidores por ações de PMEs.

DESENVOLVIMENTO INDUSTRIAL (ABDI) *et al. Incentivos à Abertura de Capital em Bolsa de Valores*: Relatório Final. 2013.

[45] O critério utilizado pela pesquisa para a classificação das empresas por porte está especificado no Capítulo 3, que apresenta os resultados dos dados coletados a partir das entrevistas.

[46] Essa importância pode ser observada na medida em que, entre 2004 e junho de 2008, dos 110 IPOs realizados, 39 empresas tinham recebido investimentos de *private equity* ou *venture capital* anteriormente à oferta pública. CENTRO DE ESTUDOS EM PRIVATE EQUITY E VENTURE CAPITAL DA EAESP (GVCEPE). Panorama da Indústria Brasileira de *Private Equity* e *Venture Capital*. Relatório de Pesquisa, 2008. p. 34. Disponível em: https://bibliotecadigital.fgv.br/dspace/bitstream/handle/10438/13439/Panorama%20da%20ind%C3%BAstria%20brasileira%20de%20Private%20Equity%20e%20Venture%20Vapital_2008.pdf?sequence=1&isAllowed=y.

[47] AGÊNCIA BRASILEIRA DE DESENVOLVIMENTO INDUSTRIAL (ABDI). *A Indústria de Private Equity e Venture Capital:* 2º Censo Brasileiro, 2009. p. 174. Disponível em: http://www.abdi.com.br/Estudo/Private_Equity_e_Venture_Censo.pdfribeirop.

Além disso, as organizações gestoras de *private equity* e *venture capital* atuam financiando a expansão de PMEs com alto potencial de crescimento.[48] É, também, característico das atividades desempenhadas por essas organizações sua participação efetiva no processo de gestão e de decisão das companhias em que investem,[49] a partir do que os gestores entrevistados também podem contribuir com percepções sobre a visão dos empresários a respeito da abertura de capital enquanto alternativa de financiamento.

Para a determinação dos informantes de cada um desses grupos foi utilizado o critério da amostra por homogeneização, que foi constituída por meio da técnica de "amostra por fileira" ou "em cascata".[50] A escolha da amostra por homogeneização decorre do fato de essa ser utilizada quando se pretende pesquisar um grupo relativamente homogêneo. Para a determinação dos informantes de cada grupo foi utilizada a "amostra por fileira", uma vez que essa é uma técnica de grande utilidade nos casos em que o acesso aos dados é difícil. Com base nessa técnica, então, a escolha dos informantes decorreu de um primeiro contato com um informante, a partir do qual a pesquisadora teve acesso aos próximos por contatos sucessivos.[51]

Ainda, as entrevistas realizadas pela pesquisadora são classificadas como entrevistas semiestruturadas.[52] As entrevistas desse tipo correspondem àquelas em que o entrevistador prepara um conjunto de perguntas para dirigir ao entrevistado, sendo a maioria dessas perguntas de caráter aberto e não fechado.[53]

48 RIBEIRO. High-Growth SMEs and the Availability of PE VC in Brazil. p. 1. Ao se analisar o histórico dos IPOs de algumas empresas que contavam com o investimento de *private equity* e *venture capital*, especialmente os ocorridos em 2006, é possível observar que muitas dessas empresas eram classificadas como pequenas ou médias no momento em que o investimento inicial foi realizado. Exemplo disso são as empresas CSU, Gafisa, Lupatech, Odontoprev, Submarino, Totvs e Vivax. RIBEIRO. High-growth SMEs and the Availability of PE VC in Brazil. p. 2.

49 AGÊNCIA BRASILEIRA DE DESENVOLVIMETO INDUSTRIAL (ABDI). *A Indústria de* Private Equity *e* Venture Capital*:* 2º Censo Brasileiro.

50 PIRES, Álvaro P. Amostragem e Pesquisa Qualitativa: Ensaio Teórico e Metodológico... p. 201.

51 PIRES, Álvaro P. Amostragem e Pesquisa Qualitativa: Ensaio Teórico e Metodológico... p. 201.

52 WEMBLEY, Lisa. Qualitative Approaches to Empirical Legal Research... p. 937.

53 WEMBLEY, Lisa. Qualitative Approaches to Empirical Legal Research... p. 937. As entrevistas realizadas seguiram roteiros elaborados para cada categoria de entrevistados. Esses

Nas entrevistas realizadas como parte da coleta de dados da dissertação, optou-se pela entrevista do tipo semiestruturado para se evitar o risco de pré-estruturação do discurso. Isso porque a realização de entrevistas sob a forma de questionário ou estruturada poderia, por exemplo, induzir os entrevistados a enquadrarem determinados fatores como entraves sua opção de abertura de capital, quando não o são, bem como inibir a listagem de novos fatores determinantes não identificados previamente pela pesquisadora.

Uma vez coletados os dados a partir dos métodos explicitados, esses foram analisados com o emprego da técnica de análise de conteúdo.[54] Essa técnica é utilizada para a análise de textos e de transcrições de entrevistas, dentre outros materiais. Seu emprego para a análise do conteúdo registrado nas entrevistas, como será demonstrado adiante, envolveu a categorização temática e a codificação das manifestações observadas nas entrevistas.[55] A criação dessas categorias foi realizada a partir da leitura dos registros feitos durante as entrevistas, bem como das informações anotadas em um novo relatório elaborado mediante a análise dos áudios gravados no momento das entrevistas. Esses registros individuais foram analisados, buscando-se extrair deles os temas presentes da forma mais específica possível, a fim de ser possível analisar como essas categorias temáticas são referidas pelos entrevistados, quais os limites de suas referências e o contexto em que aparecem.[56]

Uma vez identificadas as categorias temáticas, foram contabilizadas suas ocorrências nos discursos colhidos nas entrevistas e extraídas conclusões

roteiros se encontram nos Anexos 1, 2 e 3 desta obra. A elaboração das perguntas constantes nos roteiros tomou como base dois estudos principais, um realizado pelo conjunto de instituições que integrou o Projeto Ofertas Menores, e outro desenvolvido pela IOSCO. Ambos os estudos buscaram identificar fatores que limitam o acesso de PMEs ao mercado de capitais, para o que realizaram uma série de entrevistas com participantes do mercado, por meio do envio de questionários. Esses questionários foram analisados e serviram como base para a formulação das perguntas que compõem os roteiros de entrevista utilizados por esta pesquisa. Os referidos questionários se encontram em: AGÊNCIA BRASILEIRA DE DESENVOLVIMENTO INDUSTRIAL (ABDI) *et al. Incentivos à Abertura de Capital em Bolsa de Valores*: Relatório Final. 2013; INTERNATIONAL ORGANIZATION OF SECURITIES COMMISSION (IOSCO). *SME Financing Through Capital Markets*, Final Report, 2015. Disponível em: https://www.iosco.org/library/pubdocs/pdf/IOSCOPD493.pdf.

[54] WEMBLEY, Lisa. Qualitative Approaches to Empirical Legal Research... p. 940-942.

[55] WEMBLEY, Lisa. Qualitative Approaches to Empirical Legal Research... p. 941.

[56] WEMBLEY, Lisa. Qualitative Approaches to Empirical Legal Research... p. 941-942.

a respeito daquelas categorias cuja indicação foi mais frequente.[57] A partir desses registros, foram extraídas inferências[58] teóricas quanto a fatores que explicam a participação inexpressiva de PMEs no mercado de ações brasileiro. Para a construção dessas inferências, os registros colhidos a partir das entrevistas foram analisados junto com documentos que versam a respeito dos fatores identificados, bem como com estudos produzidos por instituições nacionais e internacionais sobre o tema.

[57] WEMBLEY, Lisa. Qualitative Approaches to Empirical Legal Research... p. 941-942.

[58] Realizar inferências consiste em, de acordo com Lee Epstein e Gary King, utilizar fatos conhecidos para aprender sobre fatos desconhecidos. EPSTEIN, Lee; KING, Gary. The Rules of Inference... p. 2. A inferência que se pretende realizar é do tipo causal, a qual pode ser verificada em estudos em que o pesquisador busca descobrir se um fator, ou um conjunto de fatores, leva ou causa um determinado resultado. EPSTEIN, Lee; KING, Gary. The Rules of Inference.... p. 34-35.

Capítulo 2 – O Financiamento de Pequenas e Médias Empresas por meio do Mercado de Ações

Nos últimos anos, e especialmente a partir da crise de 2008, as dificuldades enfrentadas por pequenas e médias empresas (PMEs) com a obtenção de recursos financeiros para financiar suas operações e seus investimentos têm ganhado atenção de diversas instituições nacionais e internacionais. Debates e estudos vêm sendo realizados com o objetivo de analisar quais são essas dificuldades, bem como quais soluções estão sendo adotadas por diferentes países a fim de ampliar o acesso dessas empresas a fontes de financiamento.[59]

Uma fonte de financiamento pouco acessada por empresas desse porte é, justamente, o mercado de ações. Este capítulo apresenta, portanto, quais são as fontes de financiamento mais utilizadas por PMEs, demonstrando também

[59] WORLD FEDERATION OF EXCHANGES (WFE). *SME Financing and Equity Markets*, 2017. p. 3-4. Disponível em: https://www.world-exchanges.org/focus/index.php/features/research/111-wfe-publishes-report-into-sme-financing-equity-markets. Acesso em: 15 dez. 2017; HARWOOD, Alison; KONIDARIS, Tanya. SME Exchanges in Emerging Market Economies: A Stocktaking of Development Practices. *World Bank Policy Research Working Paper*, n. 7160, 2015. p. 5; INTERNATIONAL ORGANIZATION OF SECURITIES COMMISSION (IOSCO). Market-Based Long-Term Financing Solutions for SMEs and Infrastructure, 2014. p. 1-2. Disponível em: https://www.iosco.org/library/pubdocs/pdf/IOSCOPD452.pdf; OECD. Opportunities and Constraints of Market-Based Financing for SMEs, 2015. p. 3-4. Disponível em: https://www.oecd.org/finance/financial-markets/Opportunities-and-Constraints-of-Market-based-Financing-for-SMEs.pdf. Acesso em: 14 mar. 2017; AGÊNCIA BRASILEIRA DE DESENVOLVIMENTO INDUSTRIAL (ABDI) *et al. Incentivos à Abertura de Capital em Bolsa de Valores*: Relatório Final. 2013.

o baixo recurso ao mercado de ações como uma alternativa de financiamento. Em sua terceira seção, o capítulo analisa, com base em revisão bibliográfica, quais são os motivos que podem explicar o cenário anteriormente descrito, qual seja, da participação inexpressiva de PMEs no mercado de ações do Brasil e de outros países.

2.1 O financiamento de pequenas e médias empresas no Brasil

A limitação do acesso de PMEs a fontes de financiamento para a realização de investimentos é reconhecida em diversos estudos.[60] No Brasil, verifica-se que o custo de capital é bastante elevado, o qual, aliado à escassez de oferta de recursos de longo prazo, tem limitado a competitividade e o crescimento das empresas.[61] O custo de capital de empresas que não são companhias abertas é maior do que o dobro do custo de capital de companhias abertas.[62] Ainda, estudos do Centro de Estudos de Mercado de Capitais (CEMEC) apontam que o custo de capital de dívida de empresas de pequeno e médio porte é, em média, muito superior à rentabilidade dos ativos dessas empresas.[63]

Assim, a produção e o crescimento dessas empresas estão substancialmente limitados a seus próprios recursos e aos de seus sócios.[64] Os lucros retidos são, tradicionalmente, a principal fonte de financiamento de investimentos das empresas.[65] O Relatório Trimestral de Financiamento dos Investimentos

[60] Ver, por exemplo, ARDIC, Oya; MYLENKO, Nataliya; SALTANE, Valentina. Small and Medium Enterprises: A Cross-Country Analysis with a New Data Set, 2011; INTERNATIONAL FINANCE CORPORATION (IFC). The SME Banking Knowledge Guide, 2010; BECK; Thorsten; DEMIRGÜÇ-KUNT, Asli; MAKSIMOVIC, Vojislav. Financing Patterns Around the World: Are Small Firms Different?

[61] ROCCA, Carlos A. *Elementos para uma Estratégia Nacional de Acesso ao Mercado de Capitais...* p. 14.

[62] ROCCA, Carlos A. *Elementos para uma Estratégia Nacional de Acesso ao Mercado de Capitais:* Diagnóstico e Propostas... p. 36.

[63] ROCCA, Carlos A. *Elementos para uma Estratégia Nacional de Acesso ao Mercado de Capitais:* Diagnóstico e Propostas... p. 25.

[64] ROCCA, Carlos A. *Elementos para uma Estratégia Nacional de Acesso ao Mercado de Capitais:* Diagnóstico e Propostas... p. 25

[65] DIAS, Luciana P.; PEREIRA, Cristina; ARANHA, Bruno Caldas. O Financiamento das Empresas e o Acesso ao Mercado de Capitais por Pequenas e Médias Empresas – Projeto Ofertas Menores... p. 187.

de Empresas e Famílias no Brasil produzido pelo CEMEC evidencia essa questão, demonstrando que em 2016 mais de 40% do financiamento de investimentos teve como fonte recursos próprios, ou seja, poupança e lucros retidos.[66]

A segunda fonte de financiamento mais significativa para as PMEs é o crédito bancário, seguido das linhas de crédito subsidiadas de bancos estatais, em especial o BNDES.[67] Uma pesquisa do CEMEC observou que 38,75% do exigível financeiro de PMEs decorre dessas linhas de financiamento, das quais 95,3% vêm de repasses do BNDES.[68] Em 2011, a maioria das operações de crédito realizadas pelo BNDES foi destinada a micro e pequenas empresas (76%) e a médias empresas (7%).[69] Porém, do valor total desembolsado pelo BNDES no ano de 2011, 64% foi alocado em grandes empresas, restando somente 20% para micro e pequenas empresas e 10% para as médias, o que evidencia a dificuldade de acesso ao crédito e capital por empresas de menor porte.[70]

Também conforme dados do CEMEC, em 2016, o mercado de capitais respondeu por apenas 9,5% do financiamento dos investimentos de empresas no Brasil.[71] Essa é, portanto, uma fonte pouco utilizada para o financiamento das empresas, especialmente as de pequeno e médio porte, como será observado na seção seguinte.

[66] CENTRO DE ESTUDOS DE MERCADO DE CAPITAIS (CEMEC). Relatório Trimestral de Financiamento dos Investimentos no Brasil. 2017. p. 13. Disponível em: http://ibmec.org.br/instituto/wp-content/uploads/2014/10/NOTA-CEMEC-02_2017-Padrao-de-Financiamento-das-Empresas-2000-a-2016.pdf. Acesso em: 17 nov. 2017.

[67] DIAS, Luciana P.; PEREIRA, Cristina; ARANHA, Bruno Caldas. O Financiamento das Empresas e o Acesso ao Mercado de Capitais por Pequenas e Médias Empresas – Projeto Ofertas Menores.... p. 187.

[68] ROCCA, Carlos A. *Elementos para uma Estratégia Nacional de Acesso ao Mercado de Capitais:* Diagnóstico e Propostas... p. 34.

[69] CENTRO DE ESTUDOS DE MERCADO DE CAPITAIS (CEMEC). Pesquisa de Acesso ao Mercado de Capitais. 2012. Disponível em: http://ibmec.org.br/instituto/wp-content/uploads/2014/10/Pesquisa-de-Acesso-ao-Mercado-de-Capitais.pdf. p. 17.

[70] CENTRO DE ESTUDOS DE MERCADO DE CAPITAIS (CEMEC). Pesquisa de Acesso ao Mercado de Capitais... p. 17.

[71] CENTRO DE ESTUDOS DE MERCADO DE CAPITAIS (CEMEC). Pesquisa de Acesso ao Mercado de Capitais... p. 13.

2.2 O financiamento de pequenas e médias empresas por meio do mercado de ações

O desenvolvimento do mercado acionário brasileiro, analisado pela capitalização de mercado em relação ao PIB, ocupa posição intermediária entre outros mercados.[72] Entretanto, o número de empresas listadas na bolsa de valores brasileira é muito menor do que o observado na maioria dos mercados emergentes.[73] Os Gráficos 1 e 2, a seguir, retratam essas questões.

Gráfico 1 – Capitalização de mercado (% PIB)

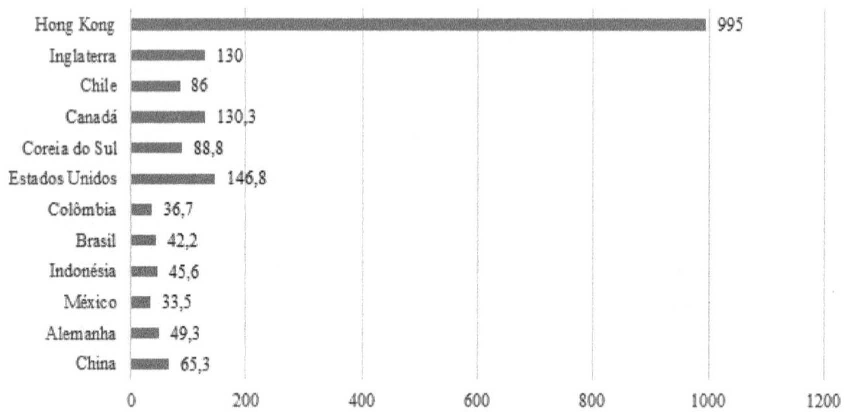

Fonte: Banco Mundial.

[72] Os dados do Gráfico 1, "Capitalização de mercado (% PIB)", se referem ao ano de 2016 para todos os países citados e estão disponíveis em: https://data.worldbank.org/indicator/CM.MKT.LCAP.GD.ZS.

[73] Os dados do Gráfico 2, "Quantidade de empresas listadas" se referem a janeiro de 2018 e estão disponíveis em: https://www.world-exchanges.org/home/index.php/statistics/monthly-reports. Os resultados incluem dados das seguintes bolsas de valores: Estados Unidos (NYSE e Nasdaq), China (Shenzhen SE e Shanghai SE), Canadá (TMX Group), Inglaterra (London Stock Exchange), Hong Kong (Hong Kong Exchanges and Clearing), Coreia do Sul (Korea Exchange), Indonésia (Indonesia Stock Exchange), Alemanha (Deutsche Boerse AG), Brasil (B3), Chile (Bolsa de Comercio de Santiago), México (Bolsa Mexicana de Valores), Argentina (Bolsa de Comercio de Buenos Aires), Colômbia (Bolsa de Valores de Colombia).

Gráfico 2 – Quantidade de empresas listadas

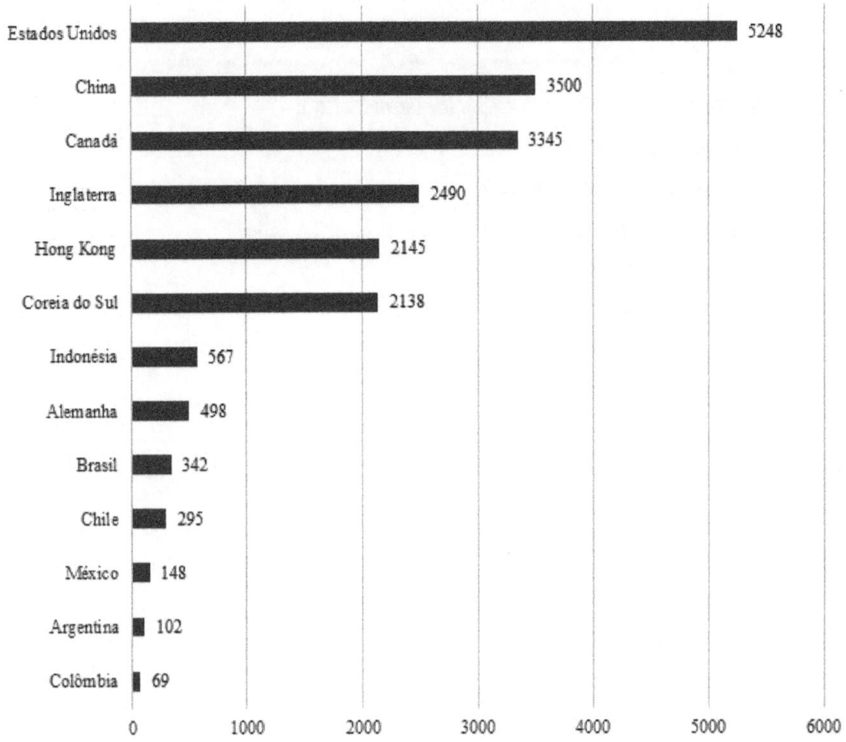

Fonte: World Federation of Exchanges.

Ademais, o valor médio das ofertas públicas iniciais de ações observado no mercado acionário brasileiro é bastante elevado, o que restringe o acesso de um maior número de empresas a esse mercado.[74] O Gráfico 3, a seguir, demonstra que o valor médio de emissões primárias de ações em operações de abertura de capital no mercado brasileiro é um dos maiores do mundo.[75]

[74] ROCCA, Carlos A. *Elementos para uma Estratégia Nacional de Acesso ao Mercado de Capitais:* Diagnóstico e Propostas... p. 48.

[75] Conforme dados do gráfico disponível em AGÊNCIA BRASILEIRA DE DESENVOLVIMENTO INDUSTRIAL (ABDI) *et al. Incentivos à Abertura de Capital em Bolsa de Valores*: Relatório Final... 2013. p. 48, elaborado com dados da WFE.

Gráfico 3 – Valor médio das ofertas públicas iniciais em 2012 (US$ milhões)

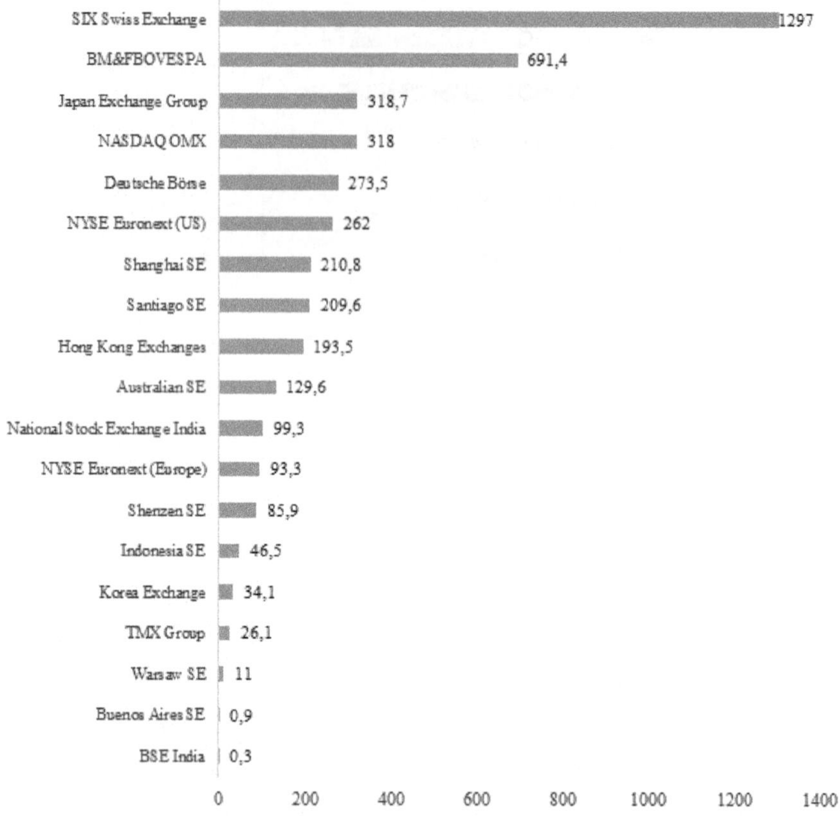

Fonte: World Federation of Exchanges.

A concentração do mercado de ações brasileiro em grandes empresas também é evidenciada em função do alto valor médio captado pelas empresas. São poucas as ofertas públicas de ações inferiores a R$ 350 milhões.[76] Conforme

[76] MATTOS FILHO, Ary Oswaldo; VILELA, Renato; RODRIGUES, Virgínia. Perplexidades do Mercado Secundário.... p. 372. Analisando as ofertas públicas de ações ocorridas entre os anos de 2004 e 2015, esse estudo observou que uma oferta típica de ações no mercado brasileiro tem valor acima de R$ 350 milhões. Das 229 ofertas realizadas, 52 captaram entre R$ 350 e 500 milhões; 93 captaram entre R$ 500 milhões e R$ 1 bilhão e 54 captaram mais

pode ser observado na Tabela 1, a seguir, no período entre 2004 e 2013,[77] o tamanho médio de uma oferta pública inicial de ações foi de R$ 1,3 bilhão, sendo R$ 591 milhões a menor média anual em 2006.[78]

Tabela 1 – Valores das ofertas públicas de ações

Ano	Ofertas iniciais	Volume de ofertas iniciais (R$ bilhões)	Média anual (R$ mil)	Ofertas secundárias	Volume de ofertas secundárias (R$ bilhões)	Média anual (R$ mil)
2004	7	4	641.000	8	4	539.625
2005	9	5	605.222	10	8	848.900
2006	26	15	591.293	16	15	941.438
2007	64	56	869.503	12	14	1.205.396
2008	4	7	1.873.750	8	27	3.345.000
2009	6	24	3.958.167	18	22	1.230.667
2010	11	11	1.017.579	11	138	12.549.814
2011	11	7	652.281	11	11	983.163
2012	3	4	1.310.984	9	9	1.027.333
2013	10	17	1.729.188	7	6	813.575
	Valor médio por oferta		1.324.897	Valor médio por oferta		2.348.491

Fonte: B3.

Mesmo durante o ciclo intenso de emissões primárias verificado em 2006 e 2007, a presença de empresas de menor porte no mercado acionário não

que R$ 1 bilhão. Foram, portanto, poucas as ofertas inferiores a R$ 350 milhões, mais precisamente apenas 25 ofertas foram entre R$ 150 e 350 milhões, e somente 5 captaram menos que R$ 150 milhões.

[77] AGÊNCIA BRASILEIRA DE DESENVOLVIMENTO INDUSTRIAL (ABDI) *et al. Incentivos à Abertura de Capital em Bolsa de Valores*: Relatório Final... 2013. p. 35; DIAS, Luciana P.; PEREIRA, Cristina; ARANHA, Bruno Caldas. O Financiamento das Empresas e o Acesso ao Mercado de Capitais por Pequenas e Médias Empresas – Projeto Ofertas Menores... p. 195.

[78] Conforme tabela disponível em DIAS, Luciana P.; PEREIRA, Cristina; ARANHA, Bruno Caldas. O Financiamento das Empresas e o Acesso ao Mercado de Capitais por Pequenas e Médias Empresas – Projeto Ofertas Menores... p. 195, elaborada com dados da B3.

aumentou.[79] Das 99 emissões primárias realizadas entre 2005 e 2007, apenas 10 foram feitas por empresas médias e somente 1 foi feita por uma empresa de pequeno porte.[80] Quando analisado o período entre 2005 e 2011, observa-se que, do total de 165 emissões primárias, apenas 15 foram realizadas por médias empresas e 3, por pequenas empresas.[81]

Além disso, em 2012, das 273 companhias abertas não financeiras, apenas 78 eram de médio porte, e nenhuma empresa de pequeno porte participava do mercado de capitais.[82] Nesse mesmo ano, tomada a estimativa do número total de companhias de médio porte existentes no Brasil, apenas 0,26% eram companhias abertas não financeiras com ações em bolsa de valores.[83] Quando consideradas as empresas fechadas que emitiram debêntures (entre 2009 e 2012), tem-se o total de 150 empresas não financeiras de médio porte que participam do mercado de capitais, o que representa 0,5% do total de empresas de médio porte.[84]

Diante disso, observa-se que o acesso das empresas brasileiras ao mercado de capitais ocorre tardiamente e apenas quando elas atingem um porte muito grande, comparado ao que se verifica nos mercados de outros países. Nos mercados de acesso[85] de países como Canadá (TSXV) e Polônia

[79] ROCCA, Carlos A. *Elementos para uma Estratégia Nacional de Acesso ao Mercado de Capitais:* Diagnóstico e Propostas... p. 58.

[80] Dados do Centro de Estudos IBMEC. ROCCA, Carlos A. *Elementos para uma Estratégia Nacional de Acesso ao Mercado de Capitais:* Diagnóstico e Propostas... p. 58.

[81] ROCCA, Carlos A. *Elementos para uma Estratégia Nacional de Acesso ao Mercado de Capitais:* Diagnóstico e Propostas... p. 58.

[82] ROCCA, Carlos A. *Elementos para uma Estratégia Nacional de Acesso ao Mercado de Capitais:* Diagnóstico e Propostas... p. 28.

[83] ROCCA, Carlos A. *Elementos para uma Estratégia Nacional de Acesso ao Mercado de Capitais:* Diagnóstico e Propostas... p. 28. Para 2012, a estimativa do número total de empresas de médio porte era de 30 mil. Para essa estimativa, foram consideradas de médio porte as empresas com faturamento entre R$ 20 e 400 milhões. Foram contabilizadas, ainda, 4,5 milhões de empresas de pequeno porte, com faturamento até R$ 20 milhões, e 5 mil empresas grandes, com faturamento acima de R$ 400 milhões.

[84] ROCCA, Carlos A. *Elementos para uma Estratégia Nacional de Acesso ao Mercado de Capitais:* Diagnóstico e Propostas... p. 28. Para as pequenas empresas todos esses valores correspondem a zero.

[85] No âmbito do Projeto Ofertas Menores foi criado um grupo, denominado Grupo de Trabalho Experiências Internacionais, formado por representantes da ABDI, BNDES, B3, CVM e Finep, que visitou sete países com mercados de acesso à bolsa para PMEs considerados referência para o mercado brasileiro. Esses países são: Austrália, Canadá, China, Coreia do

(New Connect), a presença de empresas pequenas é bastante significativa. A capitalização da maioria das companhias listadas nesses mercados é inferior a US$ 5 milhões.[86] Consequentemente, os valores das ofertas públicas são baixos, com uma captação média de US$ 2 milhões na TSXV e de US$ 1 milhão na New Connect.[87]

Na Inglaterra, o Alternative Investment Market (AIM), criado em 1995, contava em 2012 com 1.114 companhias listadas, das quais 76% possuíam valor de mercado inferior a £ 50 milhões.[88] Entre 2010 e 2012, 75% das ofertas realizadas no AIM foram inferiores a £ 15 milhões.[89] Na China, o mercado alternativo denominado Chinext, criado em 2009, possuía 332 companhias listadas em 2012, e cerca de metade dessas companhias apresentava valor de mercado inferior a US$ 300 milhões.[90] Das ofertas realizadas no Chinext em 2012, 65% foi inferior a US$ 150 milhões.[91] No KOSDAQ, mercado alternativo da Coreia do Sul criado em 1987, existiam 785 companhias listadas em 2012, 78% das quais apresentava valor de mercado inferior a US$ 100 milhões.[92] Das ofertas realizadas no KOSDAQ em 2012, 86% teve valor inferior a US$ 130 milhões.[93] Ainda, na Austrália, a Australian Securities Exchange (ASX),

Sul, Espanha, Inglaterra e Polônia. Esse grupo considerou como PMEs as companhias com valor de mercado abaixo de US$ 250 milhões e oferta inicial de distribuição pública inferior a US$ 150 milhões. AGÊNCIA BRASILEIRA DE DESENVOLVIMENTO INDUSTRIAL (ABDI) *et al. Incentivos à Abertura de Capital em Bolsa de Valores*: Relatório Final.... 2013. p. 85.

86 DIAS, Luciana P.; PEREIRA, Cristina; ARANHA, Bruno Caldas. O Financiamento das Empresas e o Acesso ao Mercado de Capitais por Pequenas e Médias Empresas – Projeto Ofertas Menores... p. 201.

87 DIAS, Luciana P.; PEREIRA, Cristina; ARANHA, Bruno Caldas. O Financiamento das Empresas e o Acesso ao Mercado de Capitais por Pequenas e Médias Empresas – Projeto Ofertas Menores... p. 201.

88 AGÊNCIA BRASILEIRA DE DESENVOLVIMENTO INDUSTRIAL (ABDI) *et al. Incentivos à Abertura de Capital em Bolsa de Valores*: Relatório Final... 2013. p. 86.

89 AGÊNCIA BRASILEIRA DE DESENVOLVIMENTO INDUSTRIAL (ABDI) *et al. Incentivos à Abertura de Capital em Bolsa de Valores*: Relatório Final... 2013. p. 86.

90 AGÊNCIA BRASILEIRA DE DESENVOLVIMENTO INDUSTRIAL (ABDI) *et al. Incentivos à Abertura de Capital em Bolsa de Valores*: Relatório Final... 2013. p. 86.

91 AGÊNCIA BRASILEIRA DE DESENVOLVIMENTO INDUSTRIAL (ABDI) *et al. Incentivos à Abertura de Capital em Bolsa de Valores*: Relatório Final... 2013. p. 86.

92 AGÊNCIA BRASILEIRA DE DESENVOLVIMENTO INDUSTRIAL (ABDI) *et al. Incentivos à Abertura de Capital em Bolsa de Valores*: Relatório Final... 2013. p. 86.

93 AGÊNCIA BRASILEIRA DE DESENVOLVIMENTO INDUSTRIAL (ABDI) *et al. Incentivos à Abertura de Capital em Bolsa de Valores*: Relatório Final... 2013. p. 86.

criada em 2006, apresentava 2.211 companhias listadas em 2012.[94] Das companhias listadas nesse ano na ASX, 72% tinham valor de mercado inferior a US$ 100 milhões, e, das 199 ofertas realizadas entre 2010 e 2011, apenas 5 foram superiores a US$ 100 milhões.[95]

No Brasil, em 2005, a bolsa de valores brasileira criou o Bovespa Mais, o segmento de acesso ao mercado de valores mobiliários no Brasil.[96] O estabelecimento desse segmento especial de listagem teve como objetivo tornar o mercado acionário brasileiro acessível a um número maior de empresas, em especial para aquelas que queiram realizar a captação de recursos em volumes inferiores aos usualmente captados.[97] Entretanto, atualmente o mercado de acesso brasileiro conta com apenas 17 empresas listadas, sendo 16 no Bovespa Mais e uma no Bovespa Mais Nível 2.[98] Dessas empresas, somente 2 realizaram ofertas públicas de ações, e as demais estão aguardando melhores condições de mercado para realizarem a abertura de capital.[99]

Ademais, a capitalização de mercado apresentada pelo mercado de acesso brasileiro é bastante inferior ao observado em outros países. De acordo com dados da World Federation of Exchanges (WFE), em 2016, o Bovespa Mais apresentou capitalização de mercado de aproximadamente R$ 1,5 bilhões, valor significativamente inferior ao visto em outros mercados de acesso, conforme demonstrado na Tabela 2, a seguir.[100]

[94] AGÊNCIA BRASILEIRA DE DESENVOLVIMENTO INDUSTRIAL (ABDI) *et al. Incentivos à Abertura de Capital em Bolsa de Valores*: Relatório Final... 2013. p. 87.

[95] AGÊNCIA BRASILEIRA DE DESENVOLVIMENTO INDUSTRIAL (ABDI) *et al. Incentivos à Abertura de Capital em Bolsa de Valores*: Relatório Final... 2013. p. 87.

[96] Para mais informações, ver http://www.bmfbovespa.com.br/lumis/portal/file/fileDownload.jsp?fileId=8A828D294F270E45014F8407D5603585.

[97] Cf., p. 2-3. Disponível em: http://www.bmfbovespa.com.br/lumis/portal/file/fileDownload.jsp?fileId=8A828D294F270E45014F8407D5603585. Acesso em: 20 dez. 2017.

[98] Disponível em: http://www.bmfbovespa.com.br/pt_br/produtos/listados-a-vista-e-derivativos/renda-variavel/empresas-listadas.htm. Acesso em: 8 mar. 2018.

[99] Conforme informações disponíveis em: http://www.bmfbovespa.com.br/pt_br/servicos/ofertas-publicas/estatisticas/.

[100] Tabela elaborada conforme dados disponíveis em: https://www.world-exchanges.org/home/index.php/statistics/annual-statistics.

Tabela 2 – Capitalização de mercado dos mercados de acesso

Capitalização de mercado – US$ milhões	
China – Chinext	752.545,5
Estados Unidos – NYSE MKT	204.377,9
Coreia do Sul – KOSDAQ	167.446,4
Canadá – TSX Venture	28.765,6
Euronext – Alternext	13.739,3
Alemanha – Deutsche Börse AG Entry Standard	11.611,7
Noruega – Oslo Axess	1.111,3
Brasil – Bovespa Mais	477,8
Filipinas – SME Board	343,8

Fonte: World Federation of Exchanges.

Portanto, o financiamento de PMEs por meio do mercado de ações no Brasil é ainda muito incipiente. Quais são os fatores que podem explicar esse quadro?

2.3 Obstáculos ao financiamento de pequenas e médias empresas por meio do mercado de ações

Uma vez demonstrada a limitação do acesso de PMEs ao mercado de ações no Brasil, esta obra passa a analisar quais são os fatores que podem explicar esse quadro, tanto da perspectiva dos emissores quanto dos investidores. Esta seção apresenta as conclusões verificadas em determinados estudos que analisaram a utilização do mercado de ações por PMEs no Brasil e em outros países.

2.3.1 Panorama internacional

O financiamento de empresas de pequeno e médio porte por meio do mercado de capitais é um tema que tem recebido atenção de diversos países e instituições internacionais, como o Banco Mundial, a OCDE, a e a WFE. Recentemente, essas instituições desenvolveram diferentes estudos sobre o tema.

O Banco Mundial realizou uma pesquisa sobre o desenvolvimento de mercados de acesso em países emergentes, buscando auxiliar as bolsas de valores e os órgãos reguladores desses países. A pesquisa decorre da experiência de sete mercados de acesso e da WFE compartilhadas em um encontro organizado pelo Banco Mundial para discutir questões relacionadas ao tema.[101]

A OCDE também tem estudos que abordam as oportunidades e os desafios do financiamento de PMEs por meio do mercado de capitais em geral, e um que trata especificamente do financiamento por meio do mercado de ações.[102] Esse último decorre de debates com participantes do mercado,[103] bem como da análise de pesquisas e dados relacionados a ofertas públicas iniciais de ações.[104]

A IOSCO, por sua vez, a fim de analisar o acesso de PMEs ao mercado de capitais, aplicou um questionário entre seus membros, tendo 45 países participado da pesquisa. Ainda, a partir dos resultados do questionário e das melhores práticas adotadas pelos países, o estudo procurou apresentar um panorama das possibilidades que os órgãos reguladores poderiam explorar

[101] HARWOOD, Alison; KONIDARIS, Tanya. SME Exchanges in Emerging Market Economies: A Stocktaking of Development Practices. *World Bank Policy Research Working Paper*, n. 7160, 2015, p. 5. Os países e respectivos segmentos de listagem que participaram do encontro são: Índia (NSE India Emerge), África do Sul (JSE ALTX), Taiwan (GreTai Securities Market), Brasil (Bovespa Mais), Polônia (WSE NewConnect), Turquia (BIST ECM) e Canadá (TSX Venture Exchange).

[102] OECD. Opportunities and Constraints of Market-Based Financing for SMEs, 2015. Disponível em: https://www.oecd.org/finance/financial-markets/Opportunities-and-Constraintsof-Market-based-Financing-for-SMEs.pdf. Acesso em: 12 dez. 2017; NASSR, Iota; WEHINGER, Gert. Opportunities and Limitations of Public Equity Markets for SMEs. *OECD Journal Financial Market Trends*, v. 2015/1, p. 49-84, 2016.

[103] Na OCDE Financial Roundtable realizada em 2014, que buscou identificar incentivos e impedimentos ao financiamento de PMEs por meio de participações societárias. NASSR, Iota; WEHINGER, Gert. Opportunities and Limitations of Public Equity Markets for SMEs... p. 53.

[104] NASSR, Iota; WEHINGER, Gert. Opportunities and Limitations of Public Equity Markets for SMEs... p. 50.

a fim de aprimorar a regulação para promover o acesso de PMEs ao mercado de capitais.[105]

Identificar como aprimorar esse acesso foi objeto de um estudo realizado pela WFE.[106] Para tanto, a instituição enviou questionários *on-line* e realizou entrevistas com indivíduos diretamente envolvidos em diferentes aspectos do financiamento de PMEs no mercado de capitais. Os países que responderam ao questionário são Canadá, China, México, Nigéria e África do Sul.[107]

Esta seção apresenta os resultados identificados nesses estudos, abordando as razões que explicam as dificuldades de acesso de PMEs ao mercado de ações em diferentes países. Serão analisados quais são os fatores que mais se destacam a partir de duas perspectivas: dos emissores e dos investidores.

a. Emissores

Os custos relacionados à abertura de capital e à manutenção da condição de companhia aberta representam um dos mais relevantes fatores que explicam a baixa utilização do mercado de ações como fonte de financiamento por PMEs.[108]

105 INTERNATIONAL ORGANIZATION OF SECURITIES COMMISSION (IOSCO). *SME Financing Through Capital Market...* p. 1. A IOSCO também desenvolveu outro estudo relacionado ao tema, porém de caráter mais geral: INTERNATIONAL ORGANIZATION OF SECURITIES COMMISSION (IOSCO). Market-Based Long-Term Financing Solutions for SMEs and Infrastructure, 2014. Disponível em: https://www.iosco.org/library/pubdocs/pdf/IOSCOPD452.pdf. Acesso em: 10 jun. 2017.

106 WORLD FEDERATION OF EXCHANGES (WFE). *SME Financing and Equity Markets*, 2017. Disponível em: https://www.world-exchanges.org/focus/index.php/features/research/111-wfe-publishes-report-into-sme-financing-equity-markets. Acesso em: 15 dez. 2017.

107 WORLD FEDERATION OF EXCHANGES (WFE). *SME Financing and Equity Markets...* p. 6. Além desse estudo, a WFE também analisou os mercados de acesso de quatro países-membros (ChiNext, BSE SME, KOSDAQ e EnterNext), destacando adaptações realizadas por esses países nos requerimentos de listagem e de divulgação de informações, bem como métodos para ampliar a liquidez no mercado secundário. WORLD FEDERATION OF EXCHANGES (WFE). *Report on SME Exchanges*. p. 4.

108 A identificação dos custos como um motivo que dificulta o financiamento das PMEs por meio dos mercados de ações, para além dos estudos comentados a seguir, é observada por: WORLD FEDERATION OF EXCHANGES (WFE); MILKEN INSTITUTE. Small and Medium-Sized Enterprises and SME Exchanges, 2017. Disponível em: http://www.milkeninstitute.org/publications/view/865. p. 9.; OECD. Opportunities and Constraints of Market-Based Financing for SMEs... p. 13, 16.; OECD. *New Approaches to SME and Entrepreneurship*

Conforme estudo da IOSCO,[109] para 20% dos 45 países que responderam ao questionário, o fator que mais desencoraja as PMEs de acessarem o mercado de capitais corresponde aos custos para a realização da oferta pública inicial e o cumprimento dos requisitos de listagem. Para além dos custos diretamente relacionados ao processo de abertura de capital, um montante significativo de recursos financeiros é necessário para o cumprimento de determinadas condições exigidas para o acesso ao mercado de ações, como a necessidade de ter um grupo apropriado de administradores e de elaborar relatórios financeiros adequados. Esse estudo também observa que, após a abertura de capital, a companhia também terá custos significativos para a contratação de diretores e conselheiros de administração independentes.

De acordo com o estudo da WFE,[110] o processo de listagem, assim como o cumprimento contínuo dos requisitos de listagem, é custoso e pode dissuadir as empresas a acessarem o mercado de ações. Conforme declarações prestadas por empresas listadas e não listadas, um menor custo de listagem e de manutenção dessa condição é um dos aspectos mais importantes para o aprimoramento do acesso de PMEs ao mercado de ações.[111] No mesmo sentido, um relatório elaborado pela OCDE que reúne percepções de representantes do setor financeiro observa que o custo para a abertura de capital é o maior impedimento que as PMEs enfrentam. Esse custo decorre de taxas de admissão, bem como de comissões cobradas por analistas e corretores.[112] Além desses custos diretos, requerimentos de divulgação de informações substanciais são considerados custos indiretos relacionados à abertura de capital.[113]

Outro motivo identificado por esse conjunto de pesquisas consiste na inexperiência e na falta de familiaridade e de educação das PMEs com relação ao

Financing: Broadening the Range of Instruments, 2015. p. 99. Disponível em: https://www.oecd.org/cfe/smes/New-Approaches-SME-full-report.pdf.

[109] INTERNATIONAL ORGANIZATION OF SECURITIES COMMISSION (IOSCO). *SME Financing Through Capital Market.*

[110] WORLD FEDERATION OF EXCHANGES (WFE). *SME Financing and Equity Markets...* p. 23.

[111] WORLD FEDERATION OF EXCHANGES (WFE). *SME Financing and Equity Markets...* p. 24-25.

[112] NASSR, Iota; WEHINGER, Gert. Opportunities and Limitations of Public Equity Markets for SMEs... p. 63.

[113] NASSR, Iota; WEHINGER, Gert. Opportunities and Limitations of Public Equity Markets for SMEs... p. 63.

mercado de ações.[114] Para 15% dos países que responderam ao questionário elaborado pela IOSCO, o fator que mais desencoraja as PMEs de acessarem o mercado de capitais é a falta de familiaridade com esse mercado.[115] Representantes do setor financeiro, cujas declarações estão reunidas em um estudo da OCDE, também observam que existe uma lacuna educacional a respeito do financiamento por meio de participações societárias, de modo que o conhecimento limitado de PMEs sobre o processo de listagem e condução das atividades da empresa após a abertura de capital leva à perda de confiança para seguir um processo de oferta pública de ações, o que explica parcialmente a relutância dessas empresas em buscarem o mercado de ações.[116]

Essa lacuna educacional também é observada com relação à emissão de debêntures e ofertas privadas de ações, bem como em função da falta de conhecimento das PMEs sobre os meios alternativos de financiamento disponíveis por intermédio do mercado de capitais. Tal falta de conhecimentos também está associada à carência de um conjunto de habilidades relativas à produção de relatórios financeiros, ao planejamento empresarial, à relação com investidores, dentre outros.[117] Informação incompleta e entendimento limitado sobre esses temas desencorajam a busca por essa alternativa de financiamento, reduzindo a demanda pelo mercado de ações.[118]

Um terceiro fator consiste no receio de perda de controle por parte dos acionistas controladores, ou sócios majoritários, de PMEs.[119] Na pesquisa

[114] Para além dos estudos comentados a seguir, essa questão é observada por: WORLD FEDERATION OF EXCHANGES (WFE). *SME Financing and Equity Markets...* p. 26-27; WORLD FEDERATION OF EXCHANGES (WFE); MILKEN INSTITUTE. *Small and Medium-Sized Enterprises and SME Exchanges...* p. 9.

[115] INTERNATIONAL ORGANIZATION OF SECURITIES COMMISSION (IOSCO). *SME Financing Through Capital Market...* p. 38.

[116] NASSR, Iota; WEHINGER, Gert. Opportunities and Limitations of Public Equity Markets for SMEs... p. 63. De modo mais específico, o estudo observa que falta a essa categoria de empresas um conjunto de ferramentas a respeito de aspectos como produção de relatórios financeiros, planejamento empresarial, orçamento e relação com investidores. A falta desse conjunto de ferramentas dificulta o acesso dessas empresas ao financiamento por meio do mercado de ações. NASSR, Iota; WEHINGER, Gert. Opportunities and Limitations of Public Equity Markets for SMEs... p. 77.

[117] OECD. *Opportunities and Constraints of Market-Based Financing for SMEs...* p. 20.

[118] OECD. *Opportunities and Constraints of Market-Based Financing for SMEs...* p. 20.

[119] Para além dos estudos comentados a seguir, essa questão é observada por: WORLD FEDERATION OF EXCHANGES (WFE); MILKEN INSTITUTE. *Small and Medium-Sized*

realizada pela IOSCO, entre os 45 países que responderam à pesquisa, 20% informaram que o receio de perder o controle é o motivo que mais desencoraja as PMEs de buscar financiamento por meio do mercado de capitais. Esse é um dos principais fatores identificados pelo estudo, considerando que, após a listagem, os emissores muito provavelmente teriam que alterar certas práticas empresariais para se adequar à prática de uma companhia aberta.[120]

Outro estudo da OCDE também identificou a resistência dos empresários em renunciar a qualquer parcela de participação societária ou ao controle como um dos fatores que explicam a limitação no desenvolvimento do mercado de ações para PMEs. A estrutura de propriedade de muitas PMEs que são familiares torna o financiamento por meio de participações acionárias menos visado.[121]

Outro elemento de resistência apresentado pelos acionistas controladores, ou sócios majoritários de PMEs, é a necessidade de divulgação de informações sobre a empresa. O estudo da IOSCO, que analisou o financiamento de PMEs em 45 países, observou que a maioria das PMEs tem propriedade familiar e reluta em divulgar informações negociais com seus concorrentes no mercado.[122] Esse motivo também é destacado pela OCDE, cujo estudo identificou que o financiamento de PMEs por meio do mercado de ações também é dificultado pela aversão ao compartilhamento de informações sensíveis à empresa.[123]

A complexidade dos requerimentos dos processos de listagem e das obrigações de divulgação de informações é outro elemento que dificulta o acesso

Enterprises and SME Exchanges... p. 9; OCDE. *Opportunities and Constraints of Market-Based Financing for SMEs*... p. 20.

[120] Por exemplo, uma sociedade limitada ou companhia fechada que eventualmente procurasse maximizar as despesas da empresa para diminuir seu lucro e os impostos decorrentes, sendo uma companhia aberta, seria pressionada para apresentar lucratividade crescente. INTERNATIONAL ORGANIZATION OF SECURITIES COMMISSION (IOSCO). *SME Financing Through Capital Market*... p. 38.

[121] NASSR, Iota; WEHINGER, Gert. Opportunities and Limitations of Public Equity Markets for SMEs... p. 65.

[122] INTERNATIONAL ORGANIZATION OF SECURITIES COMMISSION (IOSCO). *SME Financing Through Capital Market*... p. 38.

[123] NASSR, Iota; WEHINGER, Gert. Opportunities and Limitations of Public Equity Markets for SMEs... p. 63.

de PMEs ao mercado de ações.[124] O processo de listagem e cumprimento contínuo dos requerimentos de listagem pode ser excessivamente oneroso e, assim, atuar como um desestímulo para as PMEs.[125] Um estudo da WFE que analisou experiências de companhias listadas e não listadas demonstrou que, para as companhias listadas, a simplificação de obrigações de divulgação de informações e de procedimentos de listagem são dois dos mais importantes elementos para o aprimoramento do ambiente de PMEs.[126] No mesmo sentido, as companhias que não estão listadas afirmaram que a simplificação de obrigações de divulgação de informações e de procedimentos de listagem são os elementos mais relevantes para o aprimoramento desse ambiente.[127]

Outro aspecto identificado nesse conjunto de estudos consiste na falta de uma cultura de mercado de ações.[128] Conforme um estudo da OCDE, a falta de cultura de mercado de ações tem um impacto negativo significativo tanto para emissores quanto para investidores, restringindo a participação de PMEs e de investidores.[129] Em diversos países a falta de cultura de mercado de ações é um obstáculo significativo para a existência de um fluxo de investimentos em ações.[130]

124 NASSR, Iota; WEHINGER, Gert. Opportunities and Limitations of Public Equity Markets for SMEs... p. 63; WORLD FEDERATION OF EXCHANGES (WFE); MILKEN INSTITUTE. *Small and Medium-Sized Enterprises and SME Exchanges...* p. 9; OECD. *New Approaches to SME and Entrepreneurship Financing:* Broadening the Range of Instruments... p. 99.

125 WORLD FEDERATION OF EXCHANGES (WFE). *SME Financing and Equity Markets...* p. 23.

126 WORLD FEDERATION OF EXCHANGES (WFE). *SME Financing and Equity Markets...* p. 24.

127 WORLD FEDERATION OF EXCHANGES (WFE). *SME Financing and Equity Markets...* p. 24. Para as companhias que não estavam listadas, a pesquisa também questionou por que elas decidiram não realizar a listagem em bolsa. Apesar de poucas terem respondido, a maioria das que responderam declarou que o custo para dar cumprimento contínuo às obrigações era muito alto, bem como que os requerimentos de listagem envolviam alterar muitos processos na empresa. WORLD FEDERATION OF EXCHANGES (WFE). *SME Financing and Equity Markets...* p. 25.

128 OECD. *New Approaches to SME and Entrepreneurship Financing:* Broadening the Range of Instruments... p. 99.

129 NASSR, Iota; WEHINGER, Gert. Opportunities and Limitations of Public Equity Markets for SMEs... p. 77.

130 NASSR, Iota; WEHINGER, Gert. Opportunities and Limitations of Public Equity Markets for SMEs... p. 78; OECD. *New Approaches to SME and Entrepreneurship Financing:* Broadening the Range of Instruments... p. 99.

Há, por fim, outros fatores reconhecidos como elementos que dificultam o acesso de empresas de menor porte ao mercado de ações. São eles: o receio de exposição à volatilidade do preço das ações;[131] diferenças no regime tributário entre a emissão e o investimento em debêntures e ações que podem acabar favorecendo o mercado de dívida;[132] a falta de funcionários qualificados;[133] o deságio sobre o preço da ação;[134] a percepção de que a empresa é pequena, enquanto o mercado de capitais é para grandes empresas;[135] a possível falta de investidores e as incertezas a respeito do sucesso da oferta.[136]

b. Investidores

Do ponto de vista dos investidores, também se identificam outros fatores que dissuadem a realização de investimento em ações de PMEs. O primeiro deles consiste na falta de liquidez das ações de companhias pequenas ou médias. O estudo da IOSCO observou que existe uma baixa demanda de investidores institucionais por ações de PMEs, em razão da falta de liquidez.[137] Verifica-se, nesse sentido, que nos mercados de acesso de diferentes países a participação de investidores de varejo é muito maior, quando comparada ao que ocorre nos mercados principais.[138] A questão da menor liquidez também é identificada em um estudo da WFE que questionou investidores de cinco

131 NASSR, Iota; WEHINGER, Gert. Opportunities and Limitations of Public Equity Markets for SMEs... p. 63.

132 NASSR, Iota; WEHINGER, Gert. Opportunities and Limitations of Public Equity Markets for SMEs... p. 76.

133 INTERNATIONAL ORGANIZATION OF SECURITIES COMMISSION (IOSCO). *SME Financing Through Capital Market*... p. 38.

134 INTERNATIONAL ORGANIZATION OF SECURITIES COMMISSION (IOSCO). *SME Financing Through Capital Market*... p. 38.

135 INTERNATIONAL ORGANIZATION OF SECURITIES COMMISSION (IOSCO). *SME Financing Through Capital Market*... p. 38.

136 INTERNATIONAL ORGANIZATION OF SECURITIES COMMISSION (IOSCO). *SME Financing Through Capital Market*... p. 38.

137 INTERNATIONAL ORGANIZATION OF SECURITIES COMMISSION (IOSCO). *SME Financing Through Capital Market*... p. 29-30.

138 O estudo da IOSCO apresenta os dados fornecidos por oito países. A participação dos investidores de varejo nos mercados de acesso e principal é de, respectivamente: 88% e 47% no Egito, 77,8% e 35,8% na Grécia, 8,7% e 7,5% na Islândia, 92,4% e 52,3% na Coreia do Sul, 97% e 53% na Tailândia, 93% e 19,2% na Turquia, sendo de 25% no mercado principal na

países diferentes sobre quais motivos os fariam investir mais em ações de PMEs. De acordo com esse estudo, tanto investidores de varejo quanto investidores institucionais declararam que a existência de ações de PMEs mais líquidas é o principal fator que elevaria sua confiança em investir em PMEs listadas.[139] No mesmo sentido, os investidores que responderam ao questionário desse estudo elencaram "mecanismos para ampliar a liquidez" como um dos mais importantes elementos para aprimorar o ambiente de mercado para PMEs.[140]

Outro estudo produzido pela OCDE também destaca que a liquidez é o desafio-chave para ampliar o acesso dessa categoria de empresas ao mercado de ações, tendo em vista que as ações dessas companhias tendem a ser bastante ilíquidas, o que limita as possibilidades de realização do investimento.[141] Os baixos níveis de liquidez são apontados pelos investidores como um dos maiores desafios relacionados a ações de companhias pequenas e médias.[142] O menor volume de ações negociadas nos mercados de acesso, comparado ao dos mercados principais, é geralmente atribuído ao menor tamanho e a níveis limitados de *free float* que as captações menores geralmente oferecem.[143] A menor liquidez também decorre do fato de que os empresários tendem a

Itália e de 22,5% no mercado principal de Portugal. INTERNATIONAL ORGANIZATION OF SECURITIES COMMISSION (IOSCO). *SME Financing Through Capital Market*... p. 30.

139 WORLD FEDERATION OF EXCHANGES (WFE). *SME Financing and Equity Markets*... p. 27-28. O fator da maior liquidez foi apontado por 67% dos investidores de varejo e por 84% dos investidores institucionais. Apesar da diferença, esse fator é o mais importante para ambas as categorias de investidores. m destaca o fator da liquidez.CDE tambs para aprimorar o ambiente de mercado para pequenas emstidores institucionais. Apesar da

140 WORLD FEDERATION OF EXCHANGES (WFE). *SME Financing and Equity Markets*... p. 29.

141 NASSR, Iota; WEHINGER, Gert. Opportunities and Limitations of Public Equity Markets for SMEs... p. 71.

142 NASSR, Iota; WEHINGER, Gert. Opportunities and Limitations of Public Equity Markets for SMEs... p. 71. Os mercados de acesso geralmente possuem cerca de 30% da liquidez dos mercados principais. WYMAN, Oliver. Towards Better Capital Market Solutions for SME Financing, 2014. p. 6. Disponível em: http://www.oliverwyman.com/content/dam/oliver-wyman/global/en/files/insights/financial-services/2014/July/FINAL3_BetterCapital MarketMechanismsSMEs.pdf.

143 NASSR, Iota; WEHINGER, Gert. Opportunities and Limitations of Public Equity Markets for SMEs... p. 71; OECD. *New Approaches to SME and Entrepreneurship Financing*: Broadening the Range of Instruments... p. 99.

manter um percentual significativo de ações da companhia, ao mesmo tempo que mecanismos de remuneração dos administradores de companhias focadas em inovação geralmente envolvem a distribuição de ações.[144]

O nível de desenvolvimento dos mercados principais, em termos de liquidez, em países emergentes é outro aspecto que limita o acesso de PMEs aos mercados de capitais desses países. Isso porque um mercado principal mais robusto e mais líquido ofereceria mais oportunidades de crescimento para o mercado de acesso.[145] A limitação da liquidez verificada nos mercados secundários também decorre da cobertura limitada de companhias menores por analistas de mercado.[146] Isso visto, muitos investidores qualificados não realizam operações, seja no mercado primário, seja no secundário, sem a disponibilidade de relatórios de análise.[147] Tal carência de análise para companhias listadas de pequeno porte é somada ao déficit de informação sobre PMEs, o qual já representa uma significativa barreira estrutural para o acesso dessa categoria de empresas a fontes de financiamento por meio de instrumentos e mercados financeiros.[148]

Assim, a realização de investimentos em ações de companhias de pequeno ou médio porte também é desestimulada pelo baixo nível de informação disponível sobre essas companhias. Um estudo realizado pela WFE destacou que investidores institucionais e de varejo gostariam de ter maior volume e qualidade de informações sobre PMEs.[149] Os investidores que responderam ao questionário do referido estudo apontaram que melhores requisitos de divulgação de informação correspondem ao segundo fator mais relevante que os incentivaria a investir mais em PMEs listadas. No mesmo sentido,

[144] NASSR, Iota; WEHINGER, Gert. Opportunities and Limitations of Public Equity Markets for SMEs... p. 71; OCDE. *New Approaches to SME and Entrepreneurship Financing:* Broadening the Range of Instruments... p 99.

[145] INTERNATIONAL ORGANIZATION OF SECURITIES COMMISSION (IOSCO). *SME Financing Through Capital Market...* p. 8.

[146] OECD. Opportunities and Constraints of Market-Based Financing for SMEs... p. 23.

[147] OECD. Opportunities and Constraints of Market-Based Financing for SMEs... p. 23. Por parte dos investidores institucionais falta infraestrutura interna necessária para a avaliação do risco de investimento em PMEs, o que dificulta a ampliação desse tipo de investimento. OECD. Opportunities and Constraints of Market-Based Financing for SMEs... p.14.

[148] OECD. Opportunities and Constraints of Market-Based Financing for SMEs... p. 23.

[149] WORLD FEDERATION OF EXCHANGES (WFE). *SME Financing and Equity Markets...* p. 29.

investidores institucionais consideraram o estabelecimento de um mecanismo de suporte para a divulgação de informações o fator mais importante para o estabelecimento de um ambiente favorável a PMEs.[150]

Um estudo produzido pela OCDE também destaca a insuficiência de informações como uma das razões que inibe o desenvolvimento de instrumentos de financiamento para PMEs por meio do mercado de capitais.[151] A falta de dados sobre credibilidade, desempenho e registros financeiros contribui para a existência de assimetrias de informação.[152] Além disso, pequenos e médios empresários, em geral, estão menos dispostos e aptos a divulgar informações sensíveis e de risco.[153] Assim, a pesquisa e o monitoramento da situação financeira de PMEs representam um custo significativo para os participantes do mercado, o que desfavorece o investimento em ações de PMEs.[154]

Outro obstáculo ao desenvolvimento do mercado de ações para PMEs consiste na falta de uma cultura de investimento de risco. Essa carência, de acordo com estudo produzido pela OCDE, é verificada em determinados países europeus, quando em comparação à prática observada nos Estados Unidos.[155] Por fim, o regime tributário referente ao investimento em ações é outro motivo que dissuade essa prática por parte de investidores. Diversos países possuem regimes fiscais assimétricos para os investimentos em participações e dívida, favorecendo o investimento em dívida.[156]

[150] WORLD FEDERATION OF EXCHANGES (WFE). *SME Financing and Equity Markets...* p. 29. Esse mesmo estudo também investigou as percepções de investidores institucionais e de varejo que não investem em PMEs, aos quais foi questionado quais são os motivos para a não realização desse tipo de investimento. A maioria declarou que não o faz pela insuficiência de informações disponíveis para a realização de uma análise de risco. WORLD FEDERATION OF EXCHANGES (WFE). *SME Financing and Equity Markets...* p.30.

[151] OECD. Opportunities and Constraints of Market-Based Financing for SMEs... p. 12.

[152] OECD. Opportunities and Constraints of Market-Based Financing for SMEs... p. 12.

[153] OECD. Opportunities and Constraints of Market-Based Financing for SMEs... p. 12.

[154] OECD. Opportunities and Constraints of Market-Based Financing for SMEs... p. 12; OECD. *New Approaches to SME and Entrepreneurship Financing:* Broadening the Range of Instruments... p. 99.

[155] NASSR, Iota; WEHINGER, Gert. Opportunities and Limitations of Public Equity Markets for SMEs... p. 51.

[156] OECD. *New Approaches to SME and Entrepreneurship Financing:* Broadening the Range of Instruments... p. 22.

2.3.2 Brasil

Visto o panorama dos fatores que dificultam a abertura de capital de PMEs em diversos países, esta seção busca identificar quais são os aspectos que afetam especificamente as PMEs brasileiras.

Diante das dificuldades de financiamento e de acesso ao mercado de capitais por PMEs, retratadas no início deste capítulo, um grupo de instituições desenvolveu o Projeto Ofertas Menores. Idealizado pela B3, CVM, BNDES, ABDI e Finep, o projeto buscou entender as razões para a dificuldade de acesso de PMEs ao mercado de capitais, bem como propor medidas para o aprimoramento da captação de recursos dessas empresas, especialmente por meio da emissão de ações.[157] Para tanto, o grupo visitou sete países com mercados de acesso relevantes e desenvolveu um diagnóstico da experiência e prática adotadas por tais países.[158]A partir das conclusões desse diagnóstico, o grupo formou o Comitê de Ofertas Menores, que envolveu também a participação de agentes do mercado.

A criação do referido projeto se inseriu em um contexto, verificado especialmente a partir de 2010, de pronunciamentos e propostas por parte do governo e de entidades do setor privado, voltados ao aumento da participação do mercado de capitais no financiamento das empresas, inclusive as de menor porte.[159] Desse movimento resultaram alguns estudos que apresentam motivos

[157] DIAS, Luciana P.; PEREIRA, Cristina; ARANHA, Bruno Caldas. O Financiamento das Empresas e o Acesso ao Mercado de Capitais por Pequenas e Médias Empresas – Projeto Ofertas Menores... p. 189-190.

[158] Esse diagnóstico está disponível em: http://www.bmfbovespa.com.br/lumis/portal/file/fileDownload.jsp?fileId=8A828D294F270E45014F6BD476AB2CDD.

[159] Ver, por exemplo, RAGAZZI, Ana Paula; TORRES, Fernando. PAC-PME Lança Site Educacional para Pequenas e Médias. *Valor Econômico*, São Paulo, 21 nov. 2012. Disponível em: http://www.valor.com.br/empresas/2914180/pac-pme-lanca-site-educacional-para-pequenas-e-medias; RAGAZZI, Ana Paula. Plano Abre Mercado de Ações para Pequena e Média Empresa. *Valor Econômico*, São Paulo, 17 out. 2012. Disponível em: http://www.valor.com.br/empresas/2868990/plano-abre-mercado-de-acoes-pequena-e-media-empresa; PINHEIRO, Vinícius. Falta de IPO de Empresa Menor é "Fraqueza" do Mercado Brasileiro. *Valor Econômico*, São Paulo, 16 abr. 2012. Disponível em: http://www.valor.com.br/financas/2618104/cvm-falta-de-ipo-de-empresa-menor-e-fraqueza-do-mercado-brasileiro; ROCCA, Carlos A. *Elementos para uma Estratégia Nacional de Acesso ao Mercado de Capitais:* Diagnóstico e Propostas... p. 15-16.

que podem explicar as dificuldades de acesso de PMEs ao mercado de ações, os quais são abordados a seguir.

a. Emissores

A pesquisa desenvolvida pelo Comitê de Ofertas Menores aplicou um questionário a 159 empresas com o objetivo de captar sua percepção sobre a decisão de realizar a abertura de capital.[160] Uma das perguntas do questionário enviado às empresas solicitava que fossem assinalados os motivos que representam entraves para a empresa realizar uma oferta pública inicial de ações.[161] O entrave mais apontado pelas empresas que responderam ao questionário consiste na mudança de cultura organizacional, incluindo a necessidade de adotar práticas de transparência e de compartilhamento das decisões, aspecto assinalado por 48,4% dos respondentes.[162] O aumento dos controles internos foi considerado um entrave à abertura de capital por 23,9% das empresas.[163] No mesmo sentido, as empresas que abriram capital identificaram a revisão de controles e processos internos como o maior empecilho e a maior dificuldade no processo de abertura de capital.[164]

160 AGÊNCIA BRASILEIRA DE DESENVOLVIMENTO INDUSTRIAL (ABDI) *et al. Incentivos à Abertura de Capital em Bolsa de Valores*: Relatório Final... 2013. p. 134. Em termos de números de funcionários, 36,4% dessas empresas são classificadas como pequenas, 47,2% são médias e 16,4% são grandes.

161 AGÊNCIA BRASILEIRA DE DESENVOLVIMENTO INDUSTRIAL (ABDI) *et al. Incentivos à Abertura de Capital em Bolsa de Valores*: Relatório Final... 2013. p. 218, Anexo C, pergunta 29.

162 AGÊNCIA BRASILEIRA DE DESENVOLVIMENTO INDUSTRIAL (ABDI) *et al. Incentivos à Abertura de Capital em Bolsa de Valores*: Relatório Final... 2013. p. 143; DIAS, Luciana P.; PEREIRA, Cristina; ARANHA, Bruno Caldas. O Financiamento das Empresas e o Acesso ao Mercado de Capitais por Pequenas e Médias Empresas – Projeto Ofertas Menores... p. 245. Além da mudança de cultura organizacional, entre os cinco fatores mais assinalados pelas empresas que participaram dessa pesquisa, estão a volatilidade do mercado acionário (34%); o aumento dos custos (31,4%); o aumento dos controles internos (23,9%); e a descentralização do poder (22,6%). AGÊNCIA BRASILEIRA DE DESENVOLVIMENTO INDUSTRIAL (ABDI) *et al. Incentivos à Abertura de Capital em Bolsa de Valores*: Relatório Final... 2013. p. 143.

163 AGÊNCIA BRASILEIRA DE DESENVOLVIMENTO INDUSTRIAL (ABDI) *et al. Incentivos à Abertura de Capital em Bolsa de Valores*: Relatório Final... 2013. p. 143.

164 AGÊNCIA BRASILEIRA DE DESENVOLVIMENTO INDUSTRIAL (ABDI) *et al. Incentivos à Abertura de Capital em Bolsa de Valores*: Relatório Final... 2013. p. 160, 179.

O Instituto Brasileiro de Relações com Investidores (IBRI), junto com a Deloitte, também aplicou em 2013 um questionário com o objetivo de captar percepções de PMEs sobre o acesso ao mercado de capitais e quais desafios observam nesse processo.[165] Para 7% dessas empresas, a necessidade de implantação de gestão corporativa é um motivo que impede a abertura de capital.[166]

Uma pesquisa desenvolvida por Fernando Henrique Cardoso na década de 1960 identificou questões semelhantes. Esse estudo foi baseado no envio de questionários para 288 empresas, bem como na realização de entrevistas com 82 empresas.[167] A partir dessas pesquisas foi observado que o padrão de

[165] 73 empresas responderam ao questionário, das quais 95% são companhias fechadas. INSTITUTO BRASILEIRO DE RELAÇÕES COM INVESTIDORES (IBRI); DELLOITE. *Rumo à Abertura de Capital:* Percepções das Empresas Emergentes sobre os Entraves e Benefícios, 2013. p. 6. Disponível em: https://www2.deloitte.com/content/dam/Deloitte/br/Documents/audit/RumoAberturaCapital-IBRI.pdf. Acesso em: 10 jun. 2016.

[166] INSTITUTO BRASILEIRO DE RELAÇÕES COM INVESTIDORES (IBRI); DELLOITE. *Rumo à Abertura de Capital:* Percepções das Empresas Emergentes sobre os Entraves e Benefícios... p. 12. O percentual de respondentes que assinalou cada item do questionário aplicado nessa pesquisa é o seguinte: falta de maturidade da empresa (20%); receio de perda do controle nas decisões de gestão da empresa (15%); altos custos do processo de IPO (13%); dificuldade para atrair investidores (9%); necessidade de implantação de gestão corporativa (7%); exigências regulatórias excessivas (7%); receio de que os benefícios não ultrapassem o custo de abertura de capital (7%); complexidade/burocracia do processo (7%); necessidade de reorganização da empresa (4%); receio de que a empresa não tenha liquidez no mercado (4%); outros (3%); pressão do mercado por constante melhora do desempenho (2%); qualificação do grupo executivo da empresa quanto à complexidade do mercado acionário (2%). A respeito da maturidade da empresa, em resposta aberta de um dos participantes da pesquisa, consta que "[...] tudo depende da maturidade com que se inicia e se constrói a empresa, pois as exigências de governança para o enquadramento e a adequação para abertura de capital são, para muitas empresas, uma mudança radical de cultura e processos". INSTITUTO BRASILEIRO DE RELAÇÕES COM INVESTIDORES (IBRI); DELLOITE. *Rumo à Abertura de Capital:* Percepções das Empresas Emergentes sobre os Entraves e Benefícios... p. 11. "A visão das empresas sobre a sua própria maturidade mostra que a sua estruturação interna, em termos de governança corporativa, gestão profissionalizada e transparência nas demonstrações financeiras, é uma questão fundamental para as organizações que pretendem abrir o capital. A cultura organizacional, e até mesmo seus processos de produção, podem sofrer uma grande transformação com este passo, na medida em que ampliam significativamente a escala de atuação da empresa no mercado." INSTITUTO BRASILEIRO DE RELAÇÕES COM INVESTIDORES (IBRI); DELLOITE. *Rumo à Abertura de Capital:* Percepções das Empresas Emergentes sobre os Entraves e Benefícios... p. 13.

[167] CARDOSO, Fernando Henrique. *Empresário Industrial e Desenvolvimento Econômico no Brasil...* p. 6-7.

direção dos empreendimentos industriais mais difundido no Brasil, à época, estava baseado na "autoridade obtida pelo controle da propriedade",[168] estando a propriedade das empresas, em geral, restrita aos grupos familiares. Foi verificado que tal prática de controle familiar das empresas no Brasil excluía, em regra, a delegação de autoridade para pessoas que estivessem fora do círculo familiar.[169] O estudo observou como o controle familiar afetava as oportunidades de crescimento das empresas, estando tais oportunidades de crescimento relacionadas a "obtenção de capitais".[170]

Um aspecto dessa relação é a perda de possibilidades de expansão das empresas a fim de se garantir que elas estivessem "sob o olhar do dono".[171] Faltava, para que a expansão dessas empresas fosse possível, disposição para delegar a pessoas externas à família níveis de autonomia de decisão que tradicionalmente cabiam apenas aos membros da "família proprietária".[172] Tal resistência observada entre os empresários decorria, em parte, da crença em uma falta de pessoas que fossem capazes e de confiança para o exercício de tal função.[173]

Assim, o controle familiar observado nas empresas oferecia resistência a toda e qualquer prática que viesse a colocar em risco o "poder de decisão exercido pela família proprietária na empresa", o que, em casos extremos, restringia suas possibilidades de crescimento.[174] Observou-se que tais possibilidades de crescimento eram limitadas, em parte, pela falta de recursos financeiros,[175]

[168] CARDOSO, Fernando Henrique. *Empresário Industrial e Desenvolvimento Econômico no Brasil...* p. 95.

[169] Entretanto, observa que esse padrão de direção à época já se encontrava em fase de transição. CARDOSO, Fernando Henrique. *Empresário Industrial e Desenvolvimento Econômico no Brasil...* p. 95.

[170] CARDOSO, Fernando Henrique. *Empresário Industrial e Desenvolvimento Econômico no Brasil...* p.107-108.

[171] CARDOSO, Fernando Henrique. *Empresário Industrial e Desenvolvimento Econômico no Brasil...* p. 96.

[172] CARDOSO, Fernando Henrique. *Empresário Industrial e Desenvolvimento Econômico no Brasil...* p. 104.

[173] CARDOSO, Fernando Henrique. *Empresário Industrial e Desenvolvimento Econômico no Brasil...* p. 104.

[174] CARDOSO, Fernando Henrique. *Empresário Industrial e Desenvolvimento Econômico no Brasil...* p. 101.

[175] CARDOSO, Fernando Henrique. *Empresário Industrial e Desenvolvimento Econômico no Brasil...* p. 107

já que o modo tradicional de expansão das empresas por meio da reinversão dos lucros não era suficiente para financiar os investimentos necessários.[176] Assim, era fundamental buscar fontes de financiamento para o crescimento das empresas, sendo a abertura de capital uma alternativa pouco considerada. O estudo, então, também analisou quais eram os motivos relacionados à decisão das empresas de não se tornarem companhias abertas com ações em bolsa. O principal fator verificado decorre do fato de os empresários identificarem a "venda de ações ao grande público com a perda de propriedade".[177] Assim, o estudo afirma que o empecilho fundamental para a maior dispersão da propriedade consiste no "desejo de manter só a família nos negócios".[178]

Estudos recentes também identificaram que alterações no poder de controle da companhia, derivadas da abertura de capital, desestimulam o acesso ao mercado de ações por PMEs. Mais de 22% das empresas que responderam ao questionário enviado pelo Grupo de Ofertas Menores afirmaram que a descentralização do poder representa um entrave à abertura de capital.[179] No mesmo sentido, 15% das empresas que participaram da pesquisa realizada pela Deloitte e pelo IBRI indicaram que o receio de perda do controle nas decisões de gestão da empresa as impede de abrir capital e emitir ações no mercado.[180]

Outra pesquisa, essa desenvolvida por Carlos Rocca e Lauro dos Santos Jr., por meio do Centro de Estudos do IBMEC, analisou percepções de responsáveis por empresas de capital fechado a respeito de seu interesse ou desinteresse

[176] CARDOSO, Fernando Henrique. *Empresário Industrial e Desenvolvimento Econômico no Brasil*... p. 109.

[177] CARDOSO, Fernando Henrique. *Empresário Industrial e Desenvolvimento Econômico no Brasil*... p. 110. O controle de ações não representava para esses empresários uma forma real de propriedade.

[178] CARDOSO, Fernando Henrique. *Empresário Industrial e Desenvolvimento Econômico no Brasil*... p. 112.

[179] AGÊNCIA BRASILEIRA DE DESENVOLVIMENTO INDUSTRIAL (ABDI) *et al. Incentivos à Abertura de Capital em Bolsa de Valores*: Relatório Final... 2013. p. 143.

[180] INSTITUTO BRASILEIRO DE RELAÇÕES COM INVESTIDORES (IBRI); DELLOITE. *Rumo à Abertura de Capital:* Percepções das Empresas Emergentes sobre os Entraves e Benefícios... p. 12. *"Ainda temos uma cultura de mercado fechado, e isso faz com que os donos e acionistas de empresas fiquem com medo de perder o controle acionário"*. INSTITUTO BRASILEIRO DE RELAÇÕES COM INVESTIDORES (IBRI); DELLOITE. *Rumo à Abertura de Capital:* Percepções das Empresas Emergentes sobre os Entraves e Benefícios... p. 11.

pela abertura de capital.[181] Foi solicitado aos participantes da pesquisa que atribuíssem notas de 0 (nenhuma influência) a 10 (extrema influência) para um conjunto de fatores considerados relevantes para a decisão de não abertura de capital. O fator com maior pontuação (nota média 7,10) se refere à dificuldade de partilhar o controle da companhia, o que está relacionado com o padrão de governança das empresas, bem como com questões de natureza cultural.[182]

Os custos relacionados à abertura de capital compreendem outra razão que dificulta o acesso de PMEs ao mercado de ações. De acordo com a pesquisa desenvolvida pelo Comitê de Ofertas Menores, o aumento dos custos representa um entrave para 31,4% das empresas de capital fechado participantes da pesquisa.[183] Na pesquisa realizada pelo IBRI e pela Deloitte, 13% das empresas consideraram os "altos custos do processo de IPO"[184] um impeditivo para a abertura de capital. Ainda, de acordo com as empresas que responderam a essa pesquisa, os custos mais relevantes são os custos da própria oferta pública inicial, relacionados ao processo de abertura e contratação de prestadores de serviços envolvidos.[185] Porém, para 35% dessas empresas, os custos pós-abertura de capital, relacionados à manutenção da condição de companhia aberta e de cumprimento da legislação, são os mais relevantes. Já os custos

[181] ROCCA, Carlos A. *Elementos para uma Estratégia Nacional de Acesso ao Mercado de Capitais:* Diagnóstico e Propostas... p. 71. Essa pesquisa enviou questionários para cerca de quinhentas empresas industriais associadas à Fiesp. Os resultados dessa pesquisa estão baseados especialmente nas considerações realizadas pelas nove empresas que responderam ao questionário. ROCCA, Carlos A. *Elementos para uma Estratégia Nacional de Acesso ao Mercado de Capitais:* Diagnóstico e Propostas... p. 70-71.

[182] ROCCA, Carlos A. *Elementos para uma Estratégia Nacional de Acesso ao Mercado de Capitais:* Diagnóstico e Propostas... p. 72-73. Os demais fatores dizem respeito aos custos (nota 6,56) e requisitos para a abertura de capital (nota 5,22), à percepção de desinteresse de agentes de mercado, como bancos e corretoras, em função do pequeno valor da operação (nota 5), e, ainda, à resistência à divulgação de informações para concorrentes.

[183] AGÊNCIA BRASILEIRA DE DESENVOLVIMENTO INDUSTRIAL (ABDI) *et al. Incentivos à Abertura de Capital em Bolsa de Valores*: Relatório Final... 2013. p. 143.

[184] INSTITUTO BRASILEIRO DE RELAÇÕES COM INVESTIDORES (IBRI); DELLOITE. *Rumo à Abertura de Capital:* Percepções das Empresas Emergentes sobre os Entraves e Benefícios... p. 12.

[185] INSTITUTO BRASILEIRO DE RELAÇÕES COM INVESTIDORES (IBRI); DELLOITE. *Rumo à Abertura de Capital:* Percepções das Empresas Emergentes sobre os Entraves e Benefícios... p. 12.

anteriores à abertura de capital, para preparação da empresa, foram considerados mais significativos por 29% das empresas.[186]

O desestímulo decorrente dos custos considerados excessivos para a abertura de capital também foi apontado pela pesquisa desenvolvida por meio do Centro de Estudos do IBMEC.[187] Nessa pesquisa, esse foi o segundo fator tido como mais relevante pelas empresas, que consideraram que "a abertura de capital seria indesejável devido aos custos excessivos do processo de abertura de capital".[188] Em uma escala de 0 (nenhuma influência) a 10 (extrema influência), a nota média atribuída a esse fator foi 6,56.[189] Assim, o balanço entre custos e benefícios do acesso ao mercado de capital, em geral, tem sido negativo para a maioria das empresas.[190] Isso decorreria do incremento nas exigências colocadas pela regulação do mercado de capitais na última década, que elevaram padrões de transparência e de governança, exigindo custos relativamente elevados para a adequação e a manutenção das empresas.[191]

186 INSTITUTO BRASILEIRO DE RELAÇÕES COM INVESTIDORES (IBRI); DELLOITE. *Rumo à Abertura de Capital:* Percepções das Empresas Emergentes sobre os Entraves e Benefícios... p. 14. Outra pesquisa também realizada pela Delloite e pelo IBRI, baseada nas respostas de questionários respondidos por 100 companhias fechadas, identificou que os "gastos de manutenção após o IPO" e os "gastos antes do IPO" são fatores que impedem a realização de IPO para, respectivamente, 42% e 40% dessas companhias. O faturamento das companhias que responderam ao questionário é o seguinte: menos de R$ 30 milhões (23%); entre R$ 30 milhões e R$ 500 milhões; (46%); entre 500 milhões e R$ 1 bilhão (9%); entre R$ 1 bilhão e R$ 5 bilhões (15%); mais de R$ 5 bilhões (7%). DELLOITE; INSTITUTO BRASILEIRO DE RELAÇÕES COM INVESTIDORES (IBRI). Jornada da captação: transformação financeira na busca de recursos. Disponível em: http://www.ibri.com.br/Upload/Arquivos/novidades/3921_Pesquisa_IBRI_Deloitte_22062017.pdf.

187 ROCCA, Carlos A. *Elementos para uma Estratégia Nacional de Acesso ao Mercado de Capitais:* Diagnóstico e Propostas... p. 72.

188 ROCCA, Carlos A. *Elementos para uma Estratégia Nacional de Acesso ao Mercado de Capitais:* Diagnóstico e Propostas... p. 72.

189 ROCCA, Carlos A. *Elementos para uma Estratégia Nacional de Acesso ao Mercado de Capitais:* Diagnóstico e Propostas... p. 72.

190 ROCCA, Carlos A. *Elementos para uma Estratégia Nacional de Acesso ao Mercado de Capitais:* Diagnóstico e Propostas... p. 90.

191 ROCCA, Carlos A. *Elementos para uma Estratégia Nacional de Acesso ao Mercado de Capitais:* Diagnóstico e Propostas... p. 90.

b. Investidores

Em debates promovidos entre agentes de mercado no âmbito do Projeto Ofertas Menores, uma das razões apontadas para explicar a carência de demanda por ações de PMEs consiste na relevância do investidor estrangeiro para o mercado de ofertas públicas iniciais no Brasil.[192] A participação média dos investidores estrangeiros nas ofertas iniciais realizadas entre 2004 e 2014 foi de 63%.[193]

No entanto, verificou-se que essa categoria de investidor não apresentava interesse por ofertas de empresas de menor porte, cuja liquidez é reduzida.[194] A demanda por ofertas menores nos países estudados pelo Grupo é constituída, especialmente, por investidores locais, pessoas físicas ou institucionais.[195]

Ocorre que, de acordo com muitos dos participantes do Comitê de Ofertas Menores e com os resultados de entrevistas realizadas com quatro gestores de fundos de investimento, os investidores institucionais brasileiros enfrentam dificuldades para adquirir valores mobiliários em ofertas menores.[196]

[192] DIAS, Luciana P.; PEREIRA, Cristina; ARANHA, Bruno Caldas. O Financiamento das Empresas e o Acesso ao Mercado de Capitais por Pequenas e Médias Empresas – Projeto Ofertas Menores... p. 220.

[193] DIAS, Luciana P.; PEREIRA, Cristina; ARANHA, Bruno Caldas. O Financiamento das Empresas e o Acesso ao Mercado de Capitais por Pequenas e Médias Empresas – Projeto Ofertas Menores... p. 220.

[194] DIAS, Luciana P.; PEREIRA, Cristina; ARANHA, Bruno Caldas. O Financiamento das Empresas e o Acesso ao Mercado de Capitais por Pequenas e Médias Empresas – Projeto Ofertas Menores... p. 220-221.

[195] DIAS, Luciana P.; PEREIRA, Cristina; ARANHA, Bruno Caldas. O Financiamento das Empresas e o Acesso ao Mercado de Capitais por Pequenas e Médias Empresas – Projeto Ofertas Menores... p. 220-221; AGÊNCIA BRASILEIRA DE DESENVOLVIMENTO INDUSTRIAL (ABDI) *et al. Incentivos à Abertura de Capital em Bolsa de Valores*: Relatório Final... 2013. p. 168-169.

[196] DIAS, Luciana P.; PEREIRA, Cristina; ARANHA, Bruno Caldas. O Financiamento das Empresas e o Acesso ao Mercado de Capitais por Pequenas e Médias Empresas – Projeto Ofertas Menores... p. 22; AGÊNCIA BRASILEIRA DE DESENVOLVIMENTO INDUSTRIAL (ABDI) *et al. Incentivos à Abertura de Capital em Bolsa de Valores*: Relatório Final... 2013. p. 163. Com relação aos investidores pessoas físicas, também são encontradas dificuldades. A base brasileira de investidores individuais é pequena. Apenas 0,3% da população brasileira investe em ações, enquanto na China esse percentual é de 7,1%, e nos países emergentes a média é de 5%. ROCCA, Carlos A. *Elementos para uma Estratégia Nacional de Acesso ao Mercado de Capitais:* Diagnóstico e Propostas... p. 79.

Um primeiro ponto observado consiste na existência de pouquíssimos veículos de investimentos que possuam características adequadas para a realização de investimentos em PMEs.[197] A altíssima liquidez característica dos fundos de investimento no mercado brasileiro, que possuem passivos de curto ou curtíssimo prazo, torna difícil a alocação de recursos pelos fundos de investimento em ações pouco líquidas, característica de ações de empresas menores.[198]

Com base em entrevistas com agentes de mercado e dados secundários, esse estudo observou que a cultura dos investidores, relacionada a baixa demanda por investimentos de médio e longo prazo, pode ser um dos principais limitadores para a ampliação do acesso de PMEs ao mercado de capitais.[199] Além da questão relacionada à liquidez analisada anteriormente, a alta taxa de juros observada no mercado brasileiro é outro elemento que contribui para reduzir o interesse pelo investimento em ações de PMEs[200]. Nas últimas décadas, os títulos públicos atraíram parte significativa dos investimentos em função da relação risco e retorno, apresentando taxas elevadas, baixo risco e liquidez elevada.[201] Essa combinação consolidou a concentração de portfólios de investidores institucionais em títulos de renda fixa, afastando-os da renda

[197] AGÊNCIA BRASILEIRA DE DESENVOLVIMENTO INDUSTRIAL (ABDI) *et al. Incentivos à Abertura de Capital em Bolsa de Valores*: Relatório Final... 2013. p. 169.

[198] AGÊNCIA BRASILEIRA DE DESENVOLVIMENTO INDUSTRIAL (ABDI) *et al. Incentivos à Abertura de Capital em Bolsa de Valores*: Relatório Final... 2013. p. 169-170. Constatou-se a falta de mecanismos regulatórios que possibilitassem aos gestores de fundos de ações lidar de modo mais adequado com ativos de menor liquidez ou exigência regulatórias que limitavam a possibilidade de os FIPs investirem em companhias de capital aberto. Ademais, observou-se que as dificuldades enfrentadas pelos fundos para a realização de investimento em companhias de menor liquidez também decorrem dos mandatos impostos aos gestores por meio de seus regulamentos e políticas de investimento, que exigem, por exemplo, volumes de liquidez ou de exposição mínimos. DIAS, Luciana P.; PEREIRA, Cristina; ARANHA, Bruno Caldas. O Financiamento das Empresas e o Acesso ao Mercado de Capitais por Pequenas e Médias Empresas – Projeto Ofertas Menores... p. 221-222; ROCCA, Carlos A. *Elementos para uma Estratégia Nacional de Acesso ao Mercado de Capitais:* Diagnóstico e Propostas... p. 77.

[199] AGÊNCIA BRASILEIRA DE DESENVOLVIMENTO INDUSTRIAL (ABDI) *et al. Incentivos à Abertura de Capital em Bolsa de Valores*: Relatório Final... 2013. p. 180.

[200] Apesar de atualmente a taxa básica de juros da economia brasileira ter sido significativamente reduzida, no período de realização do estudo citado, bem como das pesquisas e entrevistas que embasam esta obra, a taxa básica de juros apresentava níveis elevados.

[201] ROCCA, Carlos A. *Elementos para uma Estratégia Nacional de Acesso ao Mercado de Capitais:* Diagnóstico e Propostas... p. 73-74; AGÊNCIA BRASILEIRA DE DESENVOLVIMENTO INDUSTRIAL (ABDI) *et al. Incentivos à Abertura de Capital em Bolsa de Valores*: Relatório Final... 2013. p. 169.

variável.[202] Dados do Cemec a respeito da composição da carteira dos principais investidores institucionais revelam essa preferência.

A Tabela 3, a seguir, apresenta a composição da carteira de investidores institucionais em setembro de 2012.

Tabela 3 – Composição da carteira de investidores institucionais

Composição da Carteira de Investidores Institucionais – Setembro de 2012	
Empréstimos e financiamento a participantes	0,7%
Outros ativos financeiros	2,6%
Depósitos bancários	6,4%
Títulos da dívida privada capt. bancária	7,2%
Títulos da dívida privada coorporativos	8%
Ações	16%
Operações compromissadas	20,1%
Títulos da dívida pública	39,1%

Fonte: Centro de Estudos do IBMEC.

A pesquisa realizada por Carlos Rocca e Lauro dos Santos Jr., por meio do Centro de Estudos do IBMEC, identificou outro fator que explica a pouca atratividade do investimento em ações de companhias menores. Trata-se dos "custos de avaliação e monitoração".[203] Esses custos incorridos para análise e monitoração de companhias menores e menos conhecidas são frequentemente maiores do que os que se referem a empresas maiores. Essa questão dos custos se torna ainda mais relevante quando considerados os critérios de diversificação da carteira de investimento e de limite máximo de exposição a

[202] ROCCA, Carlos A. *Elementos para uma Estratégia Nacional de Acesso ao Mercado de Capitais:* Diagnóstico e Propostas... p. 74. A participação de ativos de renda variável na carteira de fundos de investimentos no Brasil é muito baixa. Apenas 9% dessas carteiras no Brasil está alocada em renda variável, enquanto no mundo esse valor é de 40%. ROCCA, Carlos A. *Elementos para uma Estratégia Nacional de Acesso ao Mercado de Capitais:* Diagnóstico e Propostas... p. 77.

[203] As duas razões apontadas por essa pesquisa decorrem de percepções verificadas em seminários e entrevistas feitas com gestores de fundos de pensão, que na maioria dos casos administram carteiras de grande dimensão. ROCCA, Carlos A. *Elementos para uma Estratégia Nacional de Acesso ao Mercado de Capitais:* Diagnóstico e Propostas... p. 77.

uma única empresa, o que torna necessária a realização de investimento e de análise de várias empresas de menor tamanho, para se investir valor equivalente ao de uma empresa grande.[204] Por fim, o estudo realizado pelo Grupo de Ofertas Menores também observou que existe um consenso entre os agentes de mercado de que os empresários brasileiros possuem uma forte cultura patrimonialista, apresentando, assim, resistência à abertura de capital.[205]

204 ROCCA, Carlos A. *Elementos para uma Estratégia Nacional de Acesso ao Mercado de Capitais:* Diagnóstico e Propostas... p. 77.

205 AGÊNCIA BRASILEIRA DE DESENVOLVIMENTO INDUSTRIAL (ABDI) *et al. Incentivos à Abertura de Capital em Bolsa de Valores*: Relatório Final... 2013. p. 167.

Capítulo 3 – A Percepção de Emissores e Investidores Sobre a Participação de Pequenas e Médias Empresas no Mercado de Ações

Como observado no capítulo que apresenta a metodologia utilizada nesta obra, a fim de identificar os fatores que explicam a participação inexpressiva de PMEs no mercado de ações, foram realizadas entrevistas com dois grupos de agentes que se relacionam com o problema de pesquisa, quais sejam, os possíveis emissores de ações e os possíveis investidores.

Este capítulo descreve os dados obtidos a partir das entrevistas realizadas. Tal como destacado pelo capítulo metodológico, as entrevistas foram realizadas na forma semiestruturada, seguindo os roteiros que se encontram nos Anexos 1, 2 e 3. Inicialmente, serão sintetizadas as informações colhidas nas oito entrevistas realizadas com os sócios majoritários de sociedades limitadas ou acionistas controladores de companhias fechadas de médio porte, bem como a partir da entrevista realizada com a diretora de uma unidade regional do Sesi-SC.[206] Em seguida, serão apresentados os resultados das entrevistas realizadas com sete gestores de fundos de investimentos e com dois funcionários de um investidor institucional.

[206] Entidade da Federação das Indústrias do Estado de Santa Catarina (Fiesc) responsável pela prestação de serviços para tratar os problemas que impactam a capacidade laboral do trabalhador e a produtividade das empresas. http://sesisc.org.br/sobre-sesi. Para mais informações sobre a atuação do Sesi, ver: http://www.portaldaindustria.com.br/sesi/institucional/regulamento/.

Ao final, o capítulo aponta as conclusões parciais que podem ser observadas a partir da análise das percepções colhidas nas entrevistas, em cotejo com as informações indicadas no capítulo anterior verificadas em estudos sobre o tema.

3.1 Perspectiva dos emissores: sociedades limitadas ou companhias fechadas

Na perspectiva dos possíveis emissores de ações, o primeiro grupo de entrevistas realizadas tem como entrevistados os sócios majoritários de sociedades limitadas ou acionistas controladores de companhias fechadas,[207] classificadas – com relação a seu porte – como médias empresas.[208] Como visto anteriormente, o critério de classificação utilizado pelo trabalho para a determinação do porte das empresas tem como referência as categorias de pequena e média empresa (PMEs) determinadas pelo BNDES. Seguindo esse critério, são pequenas as empresas cujo faturamento anual seja maior que R$ 360.000,00 (trezentos e sessenta mil reais) e menor ou igual a R$ 3.600.000,00 (três milhões e seiscentos mil reais). Já as empresas que tenham faturamento maior que R$ 3.600.000,00 (três milhões e seiscentos mil reais) e menor ou igual a R$ 300.000.000,00 (trezentos milhões de reais) são consideradas de porte médio. De acordo com esse critério, portanto, as empresas que compõem a amostra da pesquisa são de médio porte.[209]

[207] Em apenas um caso, não foram entrevistados diretamente os sócios majoritários ou os acionistas controladores das sociedades, mas dois funcionários da empresa que exercem cargos de gerência e administrativo-financeiro.

[208] Também integra a perspectiva dos emissores a entrevista realizada com a diretora de uma unidade regional do Sesi-SC. Essa entrevista foi incluída na amostra, pois, devido ao cargo ocupado no Sesi, entidade de suporte à indústria, a diretora entrevistada possui amplo contato com diversos empresários. Assim, essa entrevista apresenta as percepções da diretora entrevistada a respeito das práticas de pequenos e médios empresários com os quais possui contato. No decorrer desta obra, ela está indicada como entrevistada I.

[209] Uma das empresas entrevistadas não informou o valor de seu faturamento. Porém, outro critério bastante utilizado para classificar as empresas conforme seu porte é o número de funcionários. ARDIC, Oya; MYLENKO, Nataliya; SALTANE, Valentina. *Small and Medium Enterprises:* Cross-Country Analysis with a New Data Set... p. 8. No Brasil, o Serviço Brasileiro de Apoio às Micro e Pequenas Empresas (Sebrae) classifica o porte das empresas do setor

A fim de preservar o sigilo das informações prestadas pelas empresas entrevistadas, elas serão identificadas da seguinte forma: empresa A, empresa B, empresa C, empresa D, empresa E, empresa F, empresa G e empresa H. Assim, conforme informado pelos entrevistados, o faturamento das empresas no ano de 2016 foi o seguinte: R$ 245.000.000,00 (empresa A); R$ 200.000.000,00 (empresa B); R$ 15.000.000,00 (empresa C); R$ 55.000.000,00 (empresa D); R$ 90.000.000,00 (empresa E); R$ 15.000.000,00 (empresa F); e R$ 105.000.000,00 (empresa H).[210,211]

Com relação ao tipo societário adotado por essas sociedades, sete delas são sociedades limitadas, enquanto uma (empresa D) adota a forma de companhia fechada.

As sociedades que compõem a amostra da pesquisa atuam em segmentos diversos. Duas desenvolvem a atividade econômica de desenvolvimento e comercialização de software, e as outras desenvolvem, cada uma, as seguintes atividades: fabricação e venda de artefatos de iluminação; fornecimento de condutores de fluidos; fabricação de rótulos e etiquetas; fabricação de etiquetas e acessórios para o setor têxtil; serviço de segurança privada; e asseio, conservação e varejo de alimentos.

Outra característica das sociedades da amostra se refere à sua caracterização como empresas familiares. Nesse sentido, das oito sociedades entrevistadas, seis têm como sócios apenas membros da família, uma tem como sócios membros da família e um fundo com 25% das ações da empresa, e uma tem como sócios os integrantes da família e um sócio externo, que possui relação de amizade com a família. Além disso, com relação à gestão das empresas, em quatro delas todos os administradores também são sócios. Nas demais

industrial da seguinte forma: i) microempresa: até 19 pessoas ocupadas; ii) pequena empresa: de 20 a 99 pessoas ocupadas; c) média empresa: de 100 a 499 pessoas ocupadas; d) grande empresa: acima de 500 pessoas ocupadas. SEBRAE. Participação das Micro e Pequenas Empresas na Economia Brasileira, 2014... p. 23. Essa empresa informou que possui 400 funcionários, sendo classificada, portanto, como uma média empresa.

210 O faturamento da empresa H informado se refere ao ano de 2017.

211 Também é válido destacar que todas as empresas entrevistadas foram constituídas há mais de 20 anos. De maneira mais específica, essas empresas estão em operação há 137 anos (empresa A), 37 anos (empresa B), 33 anos (empresa C), 23 anos (empresa D), 39 anos (empresa E), 30 anos (empresa F), 24 anos (empresa G) e 34 anos (empresa H).

empresas, alguns administradores são sócios familiares, mas existem administradores externos à família.

Observadas as características das sociedades que compõem a amostra da pesquisa, serão descritos os dados coletados a respeito das fontes de financiamento utilizadas pelas empresas, para em seguida abordar questões relativas à abertura de capital e à emissão de ações.

3.1.1 Fontes de financiamento

Conforme pode ser observado na pergunta número 1 do roteiro de entrevista, constante no Anexo 1, os entrevistados foram questionados sobre quais são as fontes de financiamento às quais as empresas recorrem para financiar seus investimentos e operações. O Gráfico 4, a seguir, identifica as fontes citadas, bem como quantas empresas utilizam cada fonte indicada.

Gráfico 4 – Fontes de financiamento utilizadas pelas empresas entrevistadas

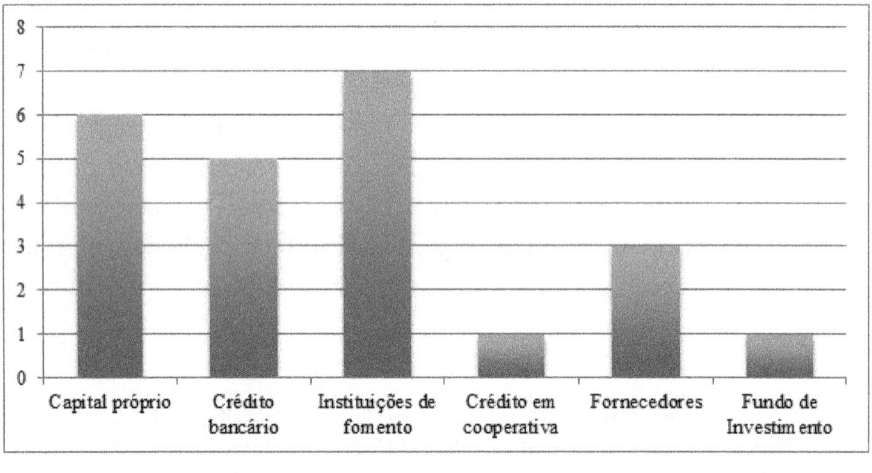

Fonte: Elaboração própria.

Conforme demonstrado no Gráfico 4, o crédito direcionado, fornecido por instituições de fomento, é utilizado por sete empresas entrevistadas. Seis empresas relataram que já utilizaram linhas de crédito do BNDES, as quais foram destinadas à compra e à renovação de máquinas e equipamentos, de moldes e ferramentas, bem como à realização de melhorias no sistema da empresa. Duas dessas empresas também usaram crédito do Banco Regional de Desenvolvimento Econômico do Extremo Sul (BRDE) para a realização de investimentos, tendo outra empresa utilizado crédito da Financiadora de Estudos e Projetos (Finep) e, ainda, crédito da Agência de Fomento de Santa Catarina (Badesc) para a realização de investimento.

Outra importante fonte de financiamento utilizada pelas empresas entrevistadas para o financiamento de suas operações e investimentos consiste no capital próprio. Das oito sociedades entrevistadas, seis afirmaram que têm como fonte principal o capital próprio, e uma delas financia suas operações e seus investimentos integralmente com capital próprio. O capital próprio, como referido pelas sociedades entrevistadas, advém dos lucros acumulados, do patrimônio líquido, do capital de giro e da geração de caixa.

O crédito bancário foi elencado como uma das fontes de financiamento utilizadas por cinco empresas. Uma dessas quatro empresas destacou especificamente o emprego de crédito bancário para financiamento de projetos de expansão. Outra fonte de financiamento indicada pelas empresas consiste no crédito de fornecedores, da qual fazem uso três empresas.

Uma das empresas entrevistadas também afirmou usar como fonte de financiamento o crédito obtido em cooperativas, tendo observado que essa consiste em sua principal fonte de financiamento. A capitalização da empresa por meio de um fundo de investimento em participações é outra fonte utilizada por uma empresa da amostra.

Questionadas a respeito da adequação das fontes e dos termos de financiamento obtidos a suas necessidades operacionais e de investimento, quatro empresas informaram que as fontes e os termos de financiamento de que dispõem não atendem suficientemente suas necessidades, enquanto outras quatro empresas afirmaram o oposto. Porém, das quatro empresas que manifestaram a adequação das fontes e dos termos de financiamento a suas necessidades operacionais e de investimento, três fizeram a ressalva de que, caso a empresa tivesse acesso a mais fontes de financiamento, seu crescimento poderia ser maior.

Nesse sentido, sete empresas entrevistadas destacaram que enfrentam dificuldades na obtenção de financiamento. A principal dificuldade destacada pelas empresas está relacionada ao custo do capital. Quatro empresas ressaltaram que a principal dificuldade verificada com relação à obtenção de financiamento consiste em seu custo, especialmente em decorrência dos juros altos cobrados pelas instituições financeiras. Uma das empresas destacou especificamente a dificuldade de se ter projetos aptos a remunerar tanto os juros quanto o risco do investimento proposto. O alto custo de capital foi colocado como uma dificuldade também pela empresa D, que possui um fundo de investimento em participações como sócio. Essa empresa destacou que, mesmo adotando a forma de sociedade anônima, possuindo um conselho de administração e contando com uma auditoria externa, o custo do capital ainda é alto.

Outro empecilho relatado por duas empresas nas entrevistas realizadas se refere à exigência de garantias pelas instituições financeiras para a concessão de financiamento. Nesse sentido, uma das empresas ressaltou a constante exigência de garantia pessoal. Outra empresa entrevistada, atuante no setor de tecnologia da informação, destacou que seu principal empecilho com relação à obtenção de financiamento consiste na dificuldade que a empresa possui em oferecer garantias exigidas pelas instituições financeiras, tendo em vista que o maior bem de propriedade da empresa consiste nos softwares que desenvolve, os quais não são aceitos como garantia pelas instituições financeiras.

Os dados coletados nas entrevistas e apresentados corroboram as conclusões verificadas em pesquisas que analisam o acesso a fontes de financiamento por PMEs. Destacam-se a preferência das empresas pelo financiamento por meio de capital próprio e de crédito de instituições de fomento, sua dificuldade em obter crédito em instituições financeiras por seu alto custo e a insuficiência das fontes de financiamento disponíveis às empresas com relação a suas necessidades financeiras, em especial para a realização de projetos de investimento e expansão.

Como anteriormente observado, uma importante fonte de financiamento de projetos de expansão e de investimentos das empresas em geral consiste no mercado de ações, por meio do processo de abertura de capital e emissão de ações. Serão apresentados, então, os dados sobre essa alternativa de financiamento obtidos a partir das entrevistas realizadas.

3.1.2 As pequenas e médias empresas e o mercado de ações

A limitação do acesso a fontes de financiamento pelas sociedades entrevistadas demonstrada é corroborada pela afirmação de que o principal atrativo visualizado por essas sociedades em uma eventual abertura de capital e emissão de ações consiste na possibilidade de acessar recursos financeiros para custear a expansão da empresa. A Tabela 4, a seguir, identifica esse e outros atrativos vislumbrados pelas empresas entrevistadas, bem como indica quantas empresas apontaram cada um desses aspectos.

Tabela 4 – Atrativos da abertura de capital

Atrativos	Quantidade de entrevistados
Levantar recursos para investimentos	9
Minimizar o custo do capital	5
Ampliar a visibilidade da empresa	3
Aumentar o valor da empresa	3
Profissionalizar a empresa	2
Aumentar a liquidez das ações	1
Facilitar acesso a financiamento em instituições de fomento	1
Facilitar a sucessão familiar	1

Fonte: Elaboração própria.

Conforme demonstrado na Tabela 4, todas as sociedades entrevistadas indicaram a possibilidade de captar recursos financeiros para a realização de investimentos como o principal atrativo da realização de uma oferta pública de ações. As empresas A, C, D, E, F e H relacionaram essa forma de captação de recursos com a ampliação das possibilidades de expansão da empresa. Nesse sentido, está a declaração da empresa F de que, em uma situação em que os recursos financeiros são mais escassos, a empresa necessita escolher quais investimentos irá realizar e quais deixará para um momento posterior.

Porém, com o aporte de recursos pela emissão de ações, a empresa teria mais recursos disponíveis, e assim teria mais possibilidades de investir em diferentes aspectos, como a aquisição de outras empresas do setor.

A empresa D também observou que, com a emissão de ações, a empresa poderia alavancar seu crescimento de uma forma que não seria possível com outras fontes de financiamento, pois crescimento similar só seria viabilizado caso a empresa tivesse muito dinheiro em caixa (o que é muito improvável de ocorrer) ou caso contraísse empréstimos a um custo muito alto (o que não é vantajoso). Os entrevistados H e I declararam que o financiamento por meio do mercado de ações é bastante atrativo, pois se trata de uma fonte de financiamento de custo menor do que o crédito bancário, em função dos juros cobrados pelas instituições financeiras. No mesmo sentido, a empresa E destacou que o principal atrativo que visualiza em uma abertura de capital consiste na maior possibilidade de captação de recursos, a um custo baixo. Ainda, a empresa B destacou que o levantamento de recursos financeiros pela emissão de ações no mercado é interessante, pois se trata de uma fonte de financiamento que não possui vencimento.

Outro atrativo da abertura de capital e da emissão de ações vislumbrado pelas empresas consiste na ampliação de sua visibilidade no mercado. Os entrevistados B, D e I destacaram que, com a emissão de ações, a empresa se torna muito mais conhecida e visível no mercado. O aumento do valor da empresa também foi apontado como um atrativo pelos entrevistados B, D e I, que observaram que, com a emissão de ações, existe a possibilidade de a sociedade atingir um valor maior no futuro e de mudar seu patamar no mercado.

Ainda, as empresas B e E consideram o financiamento pela emissão de ações atrativo também porque ele instiga a profissionalização da empresa. Na visão da empresa B, isso traria melhorias para a estruturação dos processos da empresa, bem como para a forma como essa reporta informações. Também contribuiria para atrair profissionais mais qualificados para a empresa, com novas ideias em termos de estratégia empresarial, conforme observado pela empresa E.

A empresa D identificou como atrativos o aumento da liquidez das ações dos atuais sócios, bem como a maior facilidade em acessar financiamento em instituições de fomento. Por fim, uma maior segurança e facilidade em um processo de sucessão familiar foi apontado como um possível atrativo pela empresa A.

Esses são os atrativos elencados de maneira espontânea pelas empresas entrevistadas. Além desses, esta pesquisa também procurou identificar a percepção das empresas acerca de elementos que são colocados pela literatura como vantagens do financiamento empresarial por meio da emissão de ações. O Gráfico 5, a seguir, apresenta os aspectos que foram reconhecidos pelos entrevistados como atrativos da abertura de capital, bem como um comparativo e somatório com relação aos atrativos espontaneamente indicados pelos entrevistados.

Gráfico 5 – Atrativos da abertura de capital

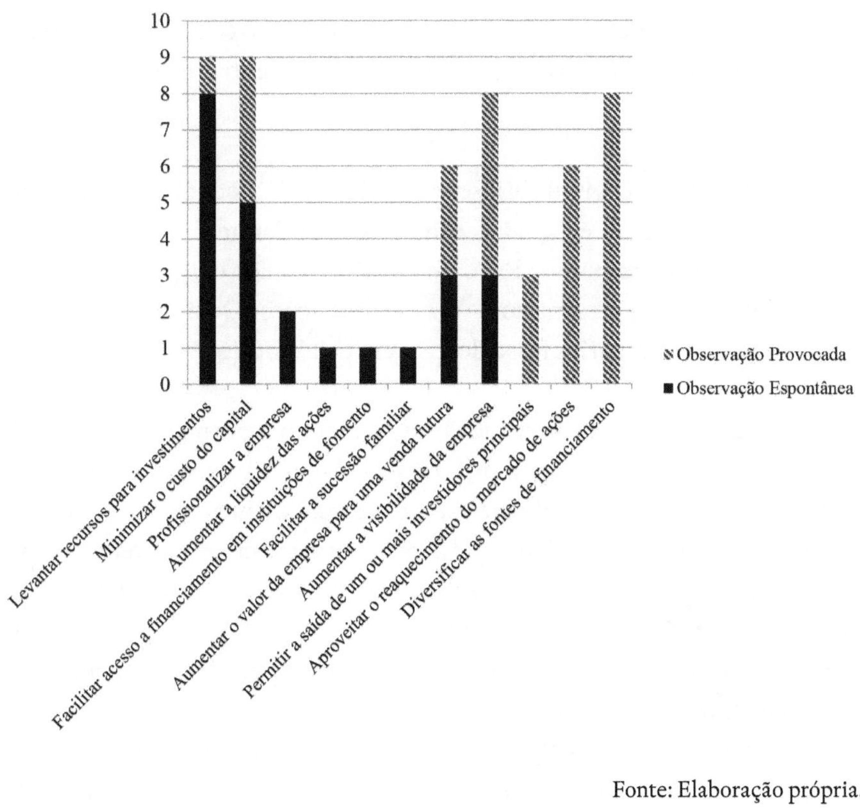

Fonte: Elaboração própria.

Apesar de visualizarem esses atrativos oferecidos pelo mercado de ações, nenhuma das empresas entrevistadas considerou em seu planejamento buscar financiamento por meio da abertura de capital e da emissão de ações no mercado de valores mobiliários. Mais do que isso, quando questionadas a respeito do interesse da empresa em se valer do mercado de valores mobiliários, em geral, como fonte de financiamento, as empresas relataram que ou não possuem interesse, ou esse interesse é muito baixo. Ainda, a empresa D relatou que é mais provável buscar realizar uma fusão do que iniciar um processo de abertura de capital.

Vê-se, assim, que há um distanciamento dessas empresas com relação ao mercado de ações. Porém, quais fatores explicam esse distanciamento do ponto de vista das empresas entrevistadas? É esse o tópico abordado a seguir.

A fim de identificar os motivos que afastam as PMEs da alternativa de financiarem suas operações e investimentos por meio da emissão de ações no mercado de valores mobiliários, foi dirigida a cada entrevistado a seguinte pergunta:

> A empresa já cogitou abrir seu capital e emitir ações na bolsa? Em caso negativo, por quê? Quais fatores desestimularam a empresa a considerar essa alternativa? Em caso positivo, quando e o que foi realizado pela empresa no sentido de vir a emitir ações? Quais fatores fizeram que essa alternativa fosse descartada pela empresa?

Todas as empresas entrevistadas responderam à primeira pergunta de maneira negativa. Ou seja, nenhuma das sociedades entrevistadas considerou realizar a abertura de capital para captar recursos no mercado de ações.

Em seguida, buscou-se identificar as razões levam a empresa a ter esse comportamento. A pergunta foi realizada de maneira aberta, a fim de possibilitar que o entrevistado abordasse espontaneamente os fatores pelos quais a empresa não considera realizar a abertura de capital e emitir ações no mercado. Esgotadas as respostas dos entrevistados, buscou-se identificar sua percepção acerca de fatores que são colocados pela literatura como entraves à abertura de capital por PMEs. Assim, cada aspecto constante na pergunta 5, do Anexo 1, foi apresentado para o entrevistado, com a solicitação de que apresentasse sua visão a respeito dele. Ou seja, buscou-se identificar se na percepção do entrevistado tal fator consiste ou não em um elemento que afasta o interesse da empresa de buscar financiamento no mercado de ações por meio da abertura de capital.

O Gráfico 6, a seguir, apresenta quais são esses fatores, bem com indica a quantidade de empresas que os observaram, de maneira espontânea ou provocada, como motivos que afastam seu interesse pela abertura de capital.

Gráfico 6 – Obstáculos à abertura de capital

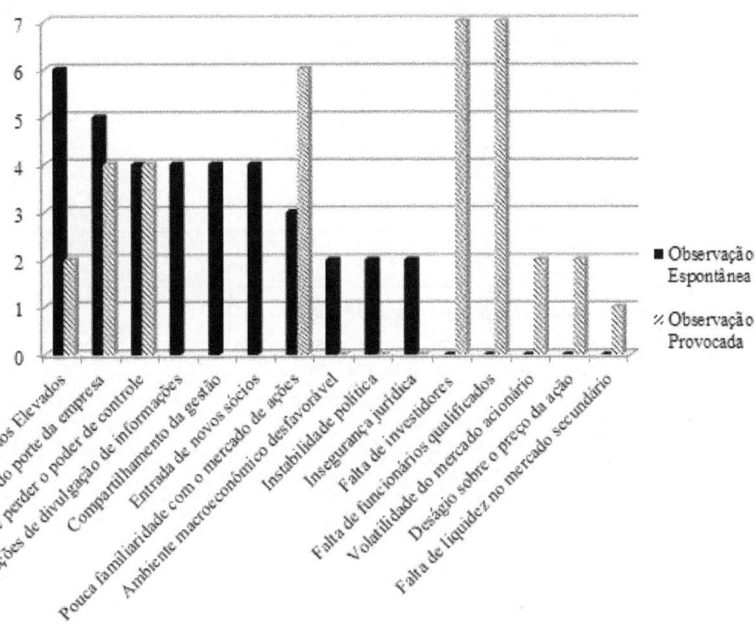

Fonte: Elaboração própria.

Esta seção passa, então, a apresentar esses fatores. Serão abordados inicialmente os fatores que surgiram de maneira espontânea, pois se acredita que influenciam de modo mais significativo o comportamento da empresa. Em seguida, serão apresentadas as percepções dos entrevistados acerca das provocações que lhes foram dirigidas.

Conforme será demonstrado a seguir, a partir das respostas espontâneas dos entrevistados, foram extraídos 10 (dez) fatores que afastam as empresas da abertura de capital e emissão de ações. A Tabela 5, a seguir, especifica quais são esses fatores e quantas empresas os indicaram espontaneamente em suas respostas.

Tabela 5 – Obstáculos à abertura de capital espontaneamente apontados pelos entrevistados

Fatores	Quantidade de empresas
Custos elevados	6
Inadequação do porte da empresa	5
Receio de perder do controle	4
Obrigações de divulgação de informações	4
Compartilhamento da gestão	4
Entrada de novos sócios	4
Pouca familiaridade com o mercado de ações	3
Ambiente macroeconômico desfavorável	2
Instabilidade política	2
Insegurança jurídica	2

Fonte: Elaboração própria.

O trabalho passa a apresentar os fatores espontaneamente indicados pelas empresas. Para cada um, serão explorados os comentários feitos pelos entrevistados que demonstram seu enquadramento em cada fator indicado. Em seguida, para os casos em que os fatores espontaneamente indicados coincidem com fatores listados pela pergunta 5 do roteiro de entrevista, serão mostradas as percepções dos entrevistados a respeito desses fatores. Ao final, serão identificadas suas percepções sobre os fatores que estavam listados na pergunta 5, mas que não foram espontaneamente citados pelos entrevistados.

O fator referente aos custos foi espontaneamente apontado por 6 entrevistados. As empresas B, C, D, E e F afirmaram que um dos motivos pelos quais deixam de optar pela abertura de capital e pela emissão de ações se refere ao fato de essa alternativa ser demasiadamente custosa para a empresa. Nesse sentido, as empresas indicaram que, caso optassem pela abertura de capital, teriam que incorrer em diversos custos para cumprir exigências da Comissão de Valores Mobiliários (CVM). Mais especificamente, relacionaram tais custos à necessidade de formação de um conselho de administração, de contratação de diretores, de publicação de demonstrações financeiras e de contratação de auditoria externa. Ainda, essas empresas também indicaram que seu custo com funcionários aumentaria. A empresa C, cuja atividade econômica consiste no desenvolvimento e na comercialização de software, observou que a abertura de capital é um processo custoso também em função da necessidade de formar e contratar mão de obra de qualidade. Uma das empresas entrevistadas, assim como a entrevistada I, também relacionou os altos custos à ausência de especialização do mercado para abertura de capital por PMEs.

As empresas D e C relataram que esses custos não apenas são altos, como podem tornar-se despesa para a empresa, no caso de a abertura de capital e a emissão de ações não ocorrerem. Apenas com relação ao custo de contratação de assessoria especializada, a empresa F afirmou que não o entende como um entrave à abertura de capital, pois o serviço prestado pela assessoria eventualmente contratada traria benefícios diretos para a empresa, como a melhoria de seus processos.

Já as empresas A e G, apesar de não terem indicado espontaneamente os custos como um motivo que as afasta da opção de emitir ações no mercado, quando questionadas sobre sua percepção a respeito desse fator, indicaram que o observam como uma dificuldade à realização de abertura de capital. A empresa A destacou o custo decorrente da necessidade de maior investimento na área de gestão da empresa, tendo em vista que as PMEs costumam focar na área comercial ou industrial, e não na área de gestão. Ainda, essa empresa destacou de maneira mais específica o custo para a contratação de auditoria externa.

Apenas a empresa H afirmou que não considera os custos relacionados à abertura de capital como uma dificuldade para o acesso da empresa ao mercado de ações. O entrevistado relatou que não observa essas despesas como custos, mas sim como um investimento para a empresa. Isso porque entende que adotar certas práticas de governança corporativa melhora o resultado da empresa e sua gestão.

O segundo fator que afasta as PMEs entrevistadas da abertura de capital e da emissão de ações é inadequação do porte da empresa. Essa denominação foi escolhida pelo trabalho para designar a percepção, espontaneamente apresentada por cinco empresas entrevistadas, de que a abertura de capital e emissão de ações não é buscada porque se trata de opção incompatível com seu porte.

As empresas A, D, E, F e G afirmaram que o mercado de ações está destinado apenas a grandes empresas. Assim, observam que não acessam essa alternativa de financiamento, em função de serem empresas médias, cujos porte e faturamento não comportam a abertura de capital e a emissão de ações. Especificamente, a empresa E destacou que observa que, na região em que atua, no estado de Santa Catarina, existem diversas empresas de porte consideravelmente maior que o seu que não acessam o mercado de ações, mas que, caso essas empresas começassem a acessá-lo, isso poderia criar uma cultura de financiamento das empresas por meio do mercado de ações.

Além disso, a empresa D, sociedade anônima de capital fechado que possui um fundo de investimento como sócio, observou que o principal entrave é o mercado, devido à falta de um processo normal de abertura de capital para PMEs. Assim, essa empresa observou que falta especialização do processo de abertura de capital para PMEs, não identificando motivação nos agentes de mercado como a bolsa de valores e os bancos de investimento para tanto, já que o retorno desses agentes é maior quando esse processo é realizado por empresas de grande porte.

O fator da inadequação do porte da empresa não foi identificado espontaneamente pelos entrevistados B, C, H e I. Porém, quando provocados a respeito, relataram que esse é um fator que afasta as PMEs da decisão de abrir capital e emitir ações. A empresa B observou que falta cultura de mercado de ações no Brasil, o que gera a percepção de que a empresa não tem porte para acessar o mercado de ações. Essa empresa também destacou que observa que a atividade de negociação da bolsa está centrada em alguns setores específicos, como o de *commodities*, ressalvando que reconhece que atualmente novos setores estão acessando a B3. A empresa H declarou que essa percepção está fortemente relacionada com a falta de informação e conhecimento das empresas de menor porte sobre o mercado de capitais.

O terceiro fator que afasta as PMEs entrevistadas da abertura de capital e emissão de ações consiste no receio de perder o controle da companhia, preocupação apresentada pelos entrevistados A, B, E e I. Nesse sentido, a empresa A declarou que ter sócios e passar a ter que monitorar o controle acionário da companhia não é algo fácil de ser incorporado por uma empresa familiar. A possibilidade de perda do controle da empresa é entendida pelas empresas B e E como um risco que passa a existir com a abertura de capital da companhia. A entrevistada I, por sua vez, relatou que observa entre os pequenos e médios empresários resistência ao compartilhamento do poder de controle.

As empresas F, G e H, quando questionadas sobre essa questão, informaram que o risco de perder o controle da empresa é um grande entrave à decisão de abertura de capital e à emissão de ações, em função do caráter familiar da sociedade. Para a empresa C essa é uma questão que também a desestimula a abrir capital. Por outro lado, a empresa D observou que entende que esse fator influencia, porém não seu caso, já que possui sócio externo à família há quinze anos e há quatro anos um fundo de investimentos passou a integrar o quadro societário da companhia.

Outro elemento reportado pelas empresas consiste na resistência à obrigação de divulgação de informações financeiras. A empresa A informou identificar uma repulsa por PMEs à exigência de "publicação e divulgação de seus números". No mesmo sentido, a empresa B destacou que uma eventual abertura de capital e emissão de ações faria com que a empresa tivesse que realizar muitas adaptações para passar a reportar seus resultados, o que representaria uma grande alteração na cultura da empresa. A empresa H relatou que alterações relacionadas à divulgação de informações correspondem a um dos maiores entraves verificados por PMEs para a abertura de capital. Isso porque muitas empresas ainda resistem à adoção de práticas como publicação de demonstrações financeiras e implementação de departamento de relações com investidores. Ainda, a entrevistada I declarou que as obrigações de publicação de balanço e de ter uma gestão mais transparente impactam significativamente as empresas de pequeno e médio porte, uma vez que em geral essas empresas não possuem essa estrutura estabelecida.

A necessidade de implementação de gestão profissionalizada é outro fator de dificuldade apontado pelas empresas. A empresa A observou especificamente que na gestão da empresa está presente um aspecto sentimental, para além do profissional, que poderia perder-se ou tornar-se mais distante com a abertura de capital da empresa. O distanciamento na condução da gestão da empresa também foi apontado como um que afasta a empresa C da opção de transformar a sociedade em uma companhia aberta. Essa empresa informou que o fato dos outros sócios da empresa serem técnicos, e não com formação e atuação em gestão, influencia na decisão da empresa de não buscar recursos no mercado de ações. Nesse sentido, a empresa C afirmou que suas atividades estão muito mais focadas no aspecto técnico do que de gestão, sendo inclusive enxuta sua estrutura administrativa. Os entrevistados H e I também declararam que a necessidade de a companhia ter conselho de administração afasta muitas PMEs do mercado de ações, pois geralmente não apresentam esse órgão em sua estrutura. A respeito do estabelecimento de um conselho de administração, a empresa D manifestou que não considera uma barreira, pois já conta com conselho de administração há 10 anos.

Além disso, verificou-se nas respostas apresentadas pelos entrevistados a resistência à entrada de novos sócios na empresa. Esse fator foi apresentado espontaneamente pelas empresas A, B, C e H. Elas destacaram que, caso decidissem abrir capital e emitir ações em bolsa, isso implicaria na empresa passar a ter sócios, para além dos integrantes da família, o que não lhes agrada. Conforme declarado pela empresa B, a entrada de outros inúmeros sócios implicaria na obrigação de "dar satisfações para os sócios", o que representa uma mudança muito desafiadora para a empresa. No mesmo sentido, está a declaração da empresa C de que a abertura de capital, com a entrada de novos sócios na empresa e de outras pessoas em sua administração, acarretaria muitas mudanças em sua forma de organização. A empresa H, por sua vez, declarou que a entrada de novos sócios é uma mudança bastante radical para muitas PMEs, que em geral resistem ao compartilhamento da propriedade com novos sócios. Já a empresa D não identificou a entrada de sócios na empresa como uma barreira, pois a empresa conta há 4 anos com um fundo de investimentos como sócio.

Outro fator que dificulta o financiamento de empresas de menor porte por meio do mercado de ações é a falta de conhecimento a respeito desse mercado. A empresa E relatou espontaneamente que a falta de conhecimento sobre o mercado de capitais e o procedimento necessário para a realização da abertura de capital é outro fator que a afasta dessa opção. No mesmo sentido, os entrevistados H e I declararam que a pouca familiaridade com o mercado de ações dificulta que observem oportunidades de financiamento nesse mercado. De acordo com a empresa H, a falta de informação sobre o mercado de capitais tem melhorado, porém destacou que o desconhecimento ainda é grande.

Quando questionadas a respeito de sua percepção com relação ao fator de pouca familiaridade com o mercado de capitais, todas as demais empresas (A, B, C, D, F e G) afirmaram que esse é um elemento que as afasta do financiamento via mercado de ações. As empresas A e C atribuem essa pouca familiaridade ao fato de as PMEs estarem mais focadas nas áreas de produção ou comercial do que na área de gestão da empresa. A empresa A também destacou a influência do aspecto geracional nas empresas sobre esse aspecto. Segundo sua percepção, hoje, com a troca de gerações nas empresas familiares as possibilidades de abertura de capital vêm se tornando mais explícitas. Ainda, essa mesma empresa destacou que novas tecnologias e uma maior presença de instituições de assessoria também contribuem para tornar a possibilidade de abertura de capital e emissão de ações mais próxima das PMEs. A empresa D, por sua vez, declarou que essa pouca familiaridade decorre da inexistência de especialização do mercado de ações para PMEs.

A existência de um ambiente macroeconômico desfavorável também foi apontada pelas empresas como um fator que as afasta da decisão de abertura de capital e emissão de ações. Sobre esse fator, a empresa B destacou que, em função da atual conjuntura econômica, não há perspectiva de grande crescimento da empresa, e em seu planejamento estratégico não teria um projeto para o qual destinar os recursos eventualmente aportados na empresa com uma abertura de capital e emissão de ações. A empresa A também apontou esse fator em sua resposta, relatando que a situação econômica atual não é favorável à abertura de capital de empresas de pequeno e médio porte.

Outras duas empresas identificaram outro fator que as afasta da alternativa de abertura de capital e emissão de ações: a instabilidade política. As empresas C e D informaram durante as entrevistas que a instabilidade política pela qual o país passa é outro entrave que as afasta do financiamento via mercado de ações.

Duas empresas destacaram outro fator de insegurança, qual seja, a insegurança jurídica. A empresa B destacou, nesse sentido, que uma eventual abertura de capital representaria um grande risco para a empresa, tendo em vista a insegurança jurídica existente no Brasil. Relata que observa que o que está descrito nas leis não é o mesmo que é aplicado e afirmado pelo Poder Judiciário, o que faz com que a empresa adote uma postura mais conservadora, afastando-a, assim, do financiamento por meio da abertura de capital. Ainda, a insegurança provocada especificamente pela atuação da Justiça do Trabalho é um elemento apresentado pela empresa C, que afirma que esse campo do direito protege o empregado de maneira desproporcional. Conforme destacado por essa empresa, a atuação da Justiça do Trabalho representa um elemento de insegurança para o desenvolvimento de suas atividades, pois as decisões proferidas por esse ramo, por vezes, impõem obrigações à empresa que não eram anteriormente previstas. Ao tomar a decisão de abertura de capital, com o crescimento da empresa, as possibilidades de tal situação ocorrer poderiam ser maiores, o que a afasta dessa opção de financiamento.

Identificados os fatores levantados espontaneamente pelas empresas entrevistadas, o trabalho passa a abordar as percepções dos entrevistados acerca dos elementos que lhes foram apontados como possíveis entraves à abertura de capital por PMEs. Novamente, os fatores serão apresentados seguindo ordem decrescente de seu reconhecimento como entraves pelas empresas entrevistadas. A Tabela 6, a seguir, identifica esses fatores e a quantidade de empresas que os classificaram como dificuldades à realização de abertura de capital.

Tabela 6 – Percepções dos entrevistados aos obstáculos que lhes foram apresentados

Fatores	Quantidade de empresas
Falta de investidores interessados em adquirir as ações e incertezas sobre o sucesso da oferta	7
Falta de empregados qualificados	7
Volatilidade do mercado acionário	2
Deságio sobre o preço da ação	2
Falta de liquidez no mercado secundário	1

Fonte: Elaboração própria.

A par dos fatores espontaneamente identificados pelas empresas, o fator que mais empresas reconheceram como uma dificuldade consiste na falta de investidores interessados em adquirir as ações e incertezas sobre o sucesso da oferta. Esse fator foi classificado como um possível entrave pelas empresas A, B, C, D, E, F e H. De modo geral, essas empresas indicaram que a possibilidade de a oferta de ações não ter êxito é uma dificuldade adicional à decisão de abertura de capital. As empresas D e E observaram que essa dificuldade está relacionada à inexistência de cultura de investimento em ações no Brasil e à falta de especialização do mercado de ações para PMEs, sendo esse último aspecto destacado exclusivamente pela empresa D. A empresa B, por outro lado, destacou que o risco de insucesso da oferta pública inicial de ações pode ser minimizado com planejamento e demonstração prévia de resultados. Já a empresa G não considerou esse fator como um entrave, tendo justificado seu posicionamento no entendimento de que esse fator faz parte da decisão de abrir capital, que essa é uma possibilidade inerente a essa escolha.

O segundo fator mais enquadrado pelas empresas entrevistadas como uma dificuldade à alternativa de emissão de ações consiste na falta de empregados qualificados, o qual foi assim classificado pelas empresas A, C, E, F, G, H e I. Essas empresas destacaram que poderiam encontrar dificuldades em contratar mais funcionários que tenham boa qualificação. Os entrevistados H e I ressalvaram que a empresa poderá contratar novos funcionários e capacitar os que já se encontram na empresa. Já as empresas B e D não classificaram esse fator como um entrave. Segundo a empresa B, esse aspecto não consiste em um entrave, porém reconhece que a empresa teria que dispender mais recursos para a contratação de mais funcionários. A empresa D, por sua vez, afirmou que a existência de bons funcionários é crucial para a própria sustentabilidade da empresa, de tal maneira que se uma empresa não possui empregados qualificados ela não acessaria o mercado de ações e tampouco permaneceria no mercado.

A volatilidade do mercado acionário foi um fator reconhecido apenas pelas empresas E e H como um possível entrave, com base na afirmação de que fatores externos a empresa, a seu desempenho e gestão, podem impactar no preço de suas ações. As empresas B e F afirmaram que esse é um elemento que afeta mais investidor do que o emissor de ações no mercado.

Por fim, os dois últimos fatores, referentes ao deságio sobre o preço da ação e à falta de liquidez no mercado secundário, foram reconhecidos como dificuldade somente pelos entrevistados H e I. De acordo com esses entrevistados esse fator pode influenciar a decisão a empresa e decorre da falta de informação sobre esse processo, sendo muito importante a contratação de equipe especializada para diminuir esse impacto. Por outro lado, as empresas D, F e G notaram que se trata de questão inerente ao mercado de ações, além de terem observado que o impacto desse fator é minimizado com a assessoria prestada por bancos de investimento e com fato do emissor possuir o controle de quando irá ou não fazer a oferta pública de ações. Com relação à falta de liquidez, a empresa H relatou que pode influenciar negativamente a decisão de abertura de capital, enquanto a empresa B afirmou que esse é um aspecto que afeta mais investidor do que o emissor de ações no mercado.

3.2 Perspectiva dos investidores: fundos de investimento e investidor institucional

O entendimento do problema da participação inexpressiva de PMEs no mercado de ações é composto também pela perspectiva dos agentes que poderiam ter interesse em adquirir ações dessas empresas enquanto opção de investimento. Como visto, os fundos de investimento em participações[212] captam recursos com investidores e os utilizam para investir em empresas, por meio de instrumentos como participações acionárias.

Diante disso, foram entrevistados quatro gestores de diferentes instituições gestoras de fundos de investimento em participações. Também foram entrevistados dois funcionários da área jurídica de um investidor institucional. Todas essas cinco instituições entrevistadas declararam que possuem

[212] Os Fundos de Investimento em Participações são definidos pela Instrução CVM n. 578 de 2016. De acordo com seu art. 5º "O FIP, constituído sob a forma de condomínio fechado, é uma comunhão de recursos destinada à aquisição de ações, bônus de subscrição, debêntures simples, outros títulos e valores mobiliários conversíveis ou permutáveis em ações de emissão de companhias, abertas ou fechadas, bem como títulos e valores mobiliários representativos de participação em sociedades limitadas, que deve participar do processo decisório da sociedade investida, com efetiva influência na definição de sua política estratégica e na sua gestão".

investimento significativo em PMEs. Esse investimento ocorre especialmente por meio da gestão de fundos de investimento em participações, bem como de fundos de ações.[213] De maneira mais específica, a instituição A é gestora de fundos de ações e de fundos de *private equity*, os quais têm parte significativa de sua carteira alocada em PMEs. A instituição B declarou que tem mais investimentos em médias empresas do que em pequenas empresas, e que esse investimento ocorre por fundos de *private equity*, compostos por ações ou debêntures conversíveis em ações. Por sua vez, a instituição C é gestora de fundos cujas cotas são compostas por ações ou debêntures conversíveis em ações de empresas de capital fechado, e das 25 empresas que compõem a carteira desses fundos, 20 são pequenas ou médias. A instituição D conta com três fundos de *venture capital*, cuja carteira é constituída inteiramente por ações ordinárias ou preferenciais das empresas investidas, a maioria das quais possui faturamento de até 20 milhões, enquanto algumas faturam entre 30 e 50 milhões. Já a instituição E possui investimento em ações principalmente.

Além disso, foram também entrevistados três gestores de duas instituições administradoras de fundos de ações.[214] Ambas as instituições informaram que atualmente não possuem investimento significativo em ações de companhias de pequeno e médio porte.

3.2.1 Dificuldades de investimento em pequenas e médias empresas

A partir das entrevistas realizadas com a categoria dos investidores, a pesquisa buscou identificar, dentre outros aspectos, quais são as dificuldades verificadas

[213] De acordo com as informações prestadas em seus formulários de referência, cada uma das instituições é gestora dos seguintes fundos: i) Instituição A: fundos de ações, fundos de investimento em participações, fundos multimercado, fundo *offshore*; ii) Instituição B: fundos de investimento multimercado, fundos de investimento em ações e fundos de investimento em participações; iii) Instituição C: fundos de investimento em participações e fundos mútuos de investimento em empresas emergentes; iv) Instituição D: fundos de investimento em participações e fundo mútuo de investimento em empresas emergentes. A operações da Instituição E, conforme declarado em seu formulário de referência, envolvem o investimento e desinvestimento de valores mobiliários, que são adquiridos em ofertas públicas ou privadas, como ações, debêntures, cotas de fundos de investimento e outros valores mobiliários.

[214] Os Fundos de Investimento em Ações são regidos pela Instrução CVM n. 555.

pelos gestores de fundos de investimento para a realização de investimentos em PMEs. Para tanto, foi apresentada aos entrevistados a seguinte pergunta:[215]

> Na sua visão, quais são as principais dificuldades encontradas para investir em pequenas e médias empresas?

As respostas dos entrevistados a esse questionamento identificaram nove diferentes aspectos que dificultam a realização de investimentos em PMEs. O Gráfico 7, a seguir, organiza esses fatores, identificando-os e apresentando o número de gestores que os elencaram em suas respostas.

Gráfico 7 – Obstáculos ao investimento em pequenas e médias empresas

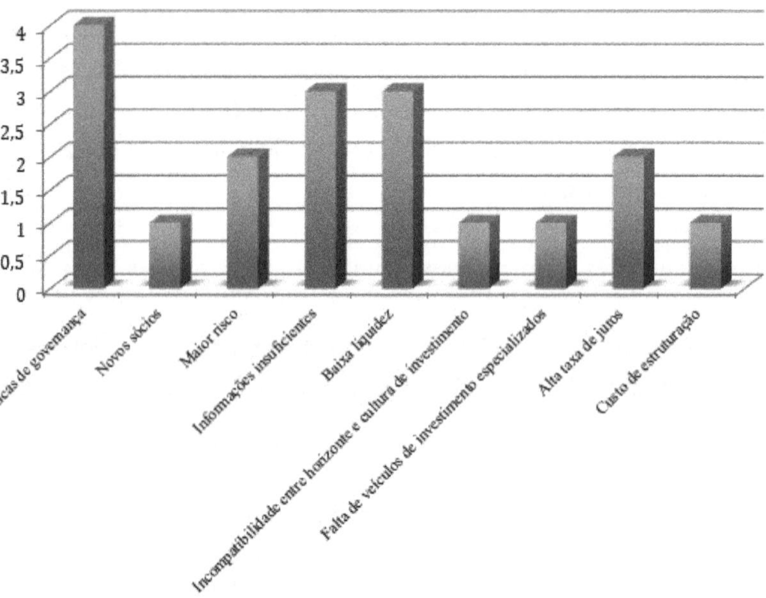

Fonte: Elaboração própria.

Os fatores que mais gestores identificaram como um elemento que dificulta o investimento em PMEs são a falta e resistência à implementação de práticas

[215] Esta pergunta se encontra no item 3 do Anexo 2 e no item 4 do Anexo 3.

de governança por parte das empresas, a insuficiência das informações disponíveis sobre as empresas e a baixa liquidez desse tipo de investimento.

A respeito da adoção de determinadas práticas de governança corporativa nas empresas, os gestores dos fundos B e C declararam que muitas empresas possuem gestão familiar e seus sócios apresentam resistência à implementação de práticas de governança e de gestão profissionalizada. Ou seja, o que verificam é que os empresários muitas vezes estão apegados a práticas antigas e familiares e não desejam implementar as alterações na gestão e na governança sugeridas pelos fundos de investimento. O gestor F também declarou que para o investimento em PMEs é bastante presente a preocupação quanto à adequação das práticas de governança.

A instituição E, no mesmo sentido, destacou que a falta de mecanismos de governança e de estrutura empresarial afasta o interesse dos investidores em PMEs. De maneira mais específica, relatou que, em termos de estrutura empresarial, faltam nas PMEs, estruturas como um departamento financeiro e a prática de ter demonstrações financeiras auditadas. Assim, afirma que é importante trabalhar no processo de aculturar os empresários, para que percebam a importância da adoção de tais práticas.

No mesmo sentido, o gestor do fundo B relatou encontrar dificuldades relacionadas à implementação de mentalidade de investimento de longo prazo, de crescimento autossustentável de longo prazo e de boas práticas de gestão financeira nas empresas. Criar essa mentalidade no âmbito das empresas e a tarefa de criar uma nova governança consistem nas duas principais tarefas de um investidor financeiro em sua atuação na empresa investida. Porém, o entrevistado destaca que essas tarefas se traduzem em dificuldades para a realização do investimento, tendo em vista que os empresários muitas vezes são contrários a essas alterações.

Além disso, a insuficiência das informações divulgadas pelas PMEs em geral é outro fator que de acordo com os gestores A, F e G dificulta a realização de investimento nessa categoria de empresas. Os gestores A e G observaram que procuram menos o investimento em PMEs, em função de serem empresas em que o acesso a informação é mais difícil. O gestor F destacou que é natural que empresas de menor porte tenham não adotem práticas como um processo de divulgação de informações organizado e uma área de relações com investidores. Ressalvou que esse fato não é um empecilho para a realização do investimento por sua parte, mas que reconhece que a insuficiência no acesso ágil e amplo a informações dessas companhias menores, diferente do que ocorre com companhias mais estabelecidas, afasta alguns investidores desse investimento.

A menor liquidez característica do investimento em PMEs é o terceiro fator apontado pelos entrevistados. De acordo com os gestores A e G os investidores procuram menos o investimento em PMEs, em razão desse tipo de investimento possuir baixa liquidez. O gestor F declarou que a principal dificuldade que encontra para realizar esse tipo de investimento é a baixa liquidez e a inadequação dessa falta de liquidez ao passivo do fundo que é de curto prazo, enquanto para esse tipo de investimento menos líquido precisaria ter um passivo adequado de, por exemplo, ao menos sete anos.

Ainda, dois gestores de fundos de investimento identificaram o maior risco como um elemento que dificulta os investimentos em PMEs. O gestor A entrevistado observou que essas empresas têm menos estrutura e controle, estando o maior risco do investimento associado a essa característica. No mesmo sentido está a afirmação da instituição E, de que o conjunto de fatores de falta de governança e de estrutural empresarial conduzem ao maior risco da realização de investimento em PMEs.

Ainda, outro fator que dificulta a realização de investimento em PMEs é a alta taxa de juros[216]. De acordo com os gestores A e G, a preferência pelo investimento em renda fixa e a alta taxa de juros limitam a quantidade de investidores interessados em investir em renda variável. O gestor G também destacou que a alta taxa de juros diminui o apetite a risco por parte dos investidores, de modo que se taxa de juros fosse menor o mercado iria buscar investimentos de maior risco, a fim de alcançar um retorno maior.

Outro fator observado é a resistência de PMEs à entrada de novos sócios. Para o gestor do fundo D, é característico do empreendedor brasileiro não considerar a atração de investidores ou de outros sócios como um caminho natural da empresa, sendo essa a principal dificuldade encontrada para a realização de investimento em PMEs. São poucos os empreendedores que

[216] Conforme indicado anteriormente, apesar de atualmente a taxa básica de juros da economia brasileira ter sido significativamente reduzida, no período de realização das pesquisas e entrevistas que embasam esta obra, a taxa básica de juros apresentava níveis elevados.

possuem o pensamento de criar uma empresa, para em momento posterior receber um investimento de um fundo e após realizar uma oferta pública inicial de ações. Afirma, então, que a cultura brasileira é de criar a empresa para a família, o que cria um obstáculo para a realização de investimento nas empresas, já que em geral essas são avessas à participação de um fundo de investimento na sociedade.

Outra dificuldade, identificada pelo gestor A, consiste na incompatibilidade entre o horizonte e a cultura de investimento. De acordo com o entrevistado, o horizonte de um investimento via participação acionária em uma pequena ou média empresa é longo, tendo em vista que quando realizado a empresa geralmente é incipiente, existindo um tempo necessário para que a empresa cresça e o fundo de investimento possa vender sua participação. Por outro lado, a cultura de investimento brasileira, segundo o entrevistado, é de curto prazo. Assim, o horizonte e a cultura de investimento não estão ajustados, o que dificulta a realização de investimentos em PMEs.

Relacionada a essa dificuldade, está a falta de veículos de investimento voltados a empresas menores. Esse é outro aspecto que, de acordo com o gestor A, explica o baixo nível de investimento em PMEs. Até recentemente não existiam fundos de investimento em participações com foco no investimento nessa categoria de empresas. A maioria dos fundos de *private equity* optam por investir em um menor número de empresas maiores, do que em diversas empresas menores, uma vez que dessa forma conseguem atingir o retorno necessário, sem que sua atuação seja fragmentada, o que exigiria um esforço de acompanhamento muito maior.

O custo de estruturação das empresas também dificulta o investimento nesse segmento. Isso porque, conforme observado pelo gestor do fundo A, para a realização de um investimento por um fundo em uma empresa, existem determinadas alterações que essa precisa cumprir, como melhorias em seus processos, produção de relatórios financeiros e realização de reuniões do conselho de administração. Ocorre que a implementação dessas práticas de gestão e governança criam custos para as empresas, e as empresas menores possuem dificuldade em implementar essas alterações, em parte, por terem recursos financeiros mais escassos.

3.2.2 Interesse dos investidores por ações de pequenas e médias empresas

Questionadas a respeito dos atrativos visualizados no investimento em ações de companhias abertas de pequeno e médio porte, as instituições gestoras F e G declararam que o principal atrativo é a possibilidade de se obter um retorno bastante significativo, uma vez que a companhia estaria passando por um momento de maior crescimento. O entrevistado F relatou que nesse tipo de investimento em geral se tem uma empresa familiar, passando por um processo de profissionalização e com expectativa de crescimento bastante relevante. Informou que no passado gerenciou um fundo voltado para investimento em empresas menores e que algumas dessas empresas tiveram resultados bastante positivos, enquanto em outras isso não ocorreu, por exemplo, porque a família resistiu em sair da gestão. Conforme observado pelo gestor G, esse fator que torna o investimento mais atrativo, também o torna mais arriscado.

Muito similares às dificuldades apresentadas na seção anterior são as razões apresentadas pelos investidores a respeito da inexistência de interesse significativo no investimento em ações de PMEs negociadas em bolsa. Quando questionados[217] a respeito do interesse por esse tipo de investimento, todos os gestores dos fundos de investimento entrevistados informaram que não observam, entre os investidores, interesse significativo. Esse fato é explicado, do ponto de vista dos entrevistados, por seis diferentes fatores. A Tabela 7, a seguir, identifica esses fatores, bem como a frequência com que foram listados pelos gestores entrevistados.

[217] As perguntas dirigidas aos entrevistados às quais se referem os dados apresentados nesta seção são as perguntas de número 6 do Anexo 2 e de número 4 do Anexo 3.

Tabela 7 – Obstáculos ao investimento em ações de pequenas e médias empresas

Fatores	Quantidade de investidores
Baixa liquidez	5
Informações insuficientes	4
Alta taxa de juros	3
Maior risco	2
Falta de veículos de investimento especializados	2
Poucas emissões de ações por PMEs	1

Fonte: Elaboração própria.

Desses seis fatores, cinco coincidem os apresentados, que explicam as dificuldades para a realização de investimentos por fundos de investimento em empresas de pequeno e médio porte. O fator apontado por um maior número de gestores consiste na baixa liquidez. Os gestores A, B e D observaram, nesse sentido que o investimento em empresas menores é um investimento de menor liquidez, o que afasta muitos investidores de buscarem esse tipo de investimento, tendo em vista que esses, em geral, conferem uma importância grande à liquidez. O gestor do fundo B também relatou que o fato de empresas menores estarem listadas com uma quantidade pequena de ações confere preocupação aos investidores com a falta de liquidez, tanto para a compra de ações como para a venda. Como observado anteriormente, o gestor F declarou que a principal dificuldade que encontra para realizar esse tipo de investimento é a baixa liquidez.

Já o entrevistado G observou que não consegue realizar investimentos em ações de companhias menores com pouca liquidez, em razão do montante de recursos dos fundos geridos pela instituição. A instituição não apresenta problema de liquidez em si, pois os investimentos que realiza são de longo prazo, o que está ajustado com os cotistas do fundo. De acordo com o entrevistado, o que ocorre é que para investir em uma companhia menor, em função de seu tamanho, o montante investido representaria parte significativa do free float da companhia. Isso interfere nas possibilidades de entrada e saída do fundo no tempo necessário. Assim, declarou que a liquidez é importante nesse sentido de permitir a realização de investimento e desinvestimento sem afetar significativamente o valor das empresas no mercado, o que não é possível quando a empresa é muito pequena. O problema que encontra, portanto, é do tamanho das empresas que são muito pequenas com relação ao tamanho da gestora.

Outra razão associada à falta de interesse entre os investidores por ações de pequenas ou médias companhias abertas se refere a menor transparência observada nessa categoria de empresas, cujas informações divulgadas são em geral insuficientes. Os gestores A e D observaram que empresas de menor porte são necessariamente menos transparentes. De acordo com o gestor D essas empresas divulgam menos informações, o que dificulta as transações por falta de confiança. Como observado na seção anterior, os gestores F e G também destacaram tal dificuldade relacionada a divulgação de informações.

A alta taxa de juros foi apontada pelos gestores A, C e G como um fator que torna o investimento em ações de empresas de menor porte menos atrativo. O gestor C considerou esse aspecto a principal razão para a falta de interesse dos investidores por ações de PMEs. De acordo com o entrevistado, o investimento em renda fixa é muito bem remunerado, sendo o risco dessa modalidade de investimento muito baixo. Assim, para que o investimento em ações de uma pequena ou média empresa tenha atratividade, é preciso que a taxa de retorno desse investimento seja muito superior a seu risco. Conforme o entrevistado, então, a principal razão é a dissociação entre a capacidade de retorno de uma empresa versus seu risco, frente à alta taxa de juros que remunera bem o investimento em renda fixa a um risco muito baixo.

O maior risco dessa modalidade de investimento foi outro motivo apontado pelos entrevistados. O gestor E afirmou que o principal fator que afasta o interesse dos investidores em investir em PMEs é o risco, o qual decorre de um somatório de questões relacionadas às dificuldades com a falta de estrutura empresarial e de governança nas PMEs. O gestor C observou que não verifica no mercado de capitais brasileiro investidores de bolsa de valores interessados em comprar participações em empresas menores, uma vez que esses investimentos são entendidos como sendo de maior risco.

Assim, um quinto fator elencado pelos entrevistados consiste da falta de veículos de investimento dedicados a empresas de pequeno e médio porte. Os gestores A e C observaram que falta no mercado veículos e gestores cujo foco seja realizar investimentos nesse nicho, dando conta das peculiaridades que se verificam no investimento em PMEs.

Por fim, um último fator verificado é o fato de existirem poucas emissões de ações por PMEs. O gestor B afirmou, nesse sentido, que não existe interesse significativo entre os investidores por ações negociadas em bolsa, em função de poucas empresas desse porte emitirem ações.

3.2.3 Visão dos investidores entrevistados sobre a decisão de abertura de capital por pequenas e médias empresas

Em função atividade que exercem, os gestores de fundos de investimento, para além dos investidores, também se relacionam com os sócios majoritários ou acionistas controladores de sociedades limitadas ou companhias de pequeno e médio porte. Assim, as entrevistas realizadas com esses agentes também buscaram identificar sua percepção acerca da visão desses empresários sobre o financiamento via abertura de capital e emissão de ações.

De maneira mais específica, os gestores foram questionados sobre a possibilidade de realização de abertura de capital pelas empresas das carteiras dos fundos de investimento que gerenciam, bem como, sobre os fatores de resistência apresentados pelos acionistas controladores das companhias investidas que não abriram capital.[218]

Das instituições entrevistadas, duas informaram que contam com empresas em sua carteira de investimentos que realizaram a abertura de capital. O gestor do fundo A informou especificamente que conta com uma empresa que realizou abertura de capital e está listada no Bovespa Mais, não tendo emitido ações até o momento da entrevista. Os gestores cujos fundos que gerenciam não contam com empresas que abriram capital identificaram algumas razões desse cenário. Uma dessas razões, apontada pelo gestor B, refere-se ao tamanho limitado do mercado de capitais brasileiro. Outro gestor, do fundo

[218] Esses questionamentos se encontram nas perguntas 4 e 5 do roteiro de entrevista no Anexo 2. A pergunta 5 foi dirigida aos entrevistados da mesma forma como a pergunta 5 do roteiro do Anexo 1 foi realizada aos empresários entrevistados. Assim, as informações obtidas a partir desse questionamento serão apresentadas tal como foram expostas na seção 3.1.2. Ou seja, serão inicialmente apresentados os fatores elencados de maneira espontânea e em seguida a percepção dos entrevistados sobre os fatores provocados.

de investimento D, relatou que as empresas de sua carteira não tomaram esse caminho pois são empresas relativamente pequenas.

Aos gestores que afirmaram que empresas da carteira dos respectivos fundos abriram capital foi questionado se, e em caso positivo quais, encontraram dificuldades nesse processo. O gestor do fundo A observou que as principais dificuldades encontradas dizem respeito ao estabelecimento de controles internos e à divulgação de informações pela companhia. Sobre o primeiro aspecto, a dificuldade decorreu da necessidade da companhia ter um número suficiente de funcionários qualificados para produzir as informações financeiras necessárias, bem como para assegurar que a companhia está cumprindo as regras estabelecidas pela CVM e pela B3. Já a dificuldade com a divulgação de informações foi observada no amadurecimento da aceitação do empresário com relação à essa obrigação. Isso porque, em determinados setores a divulgação de certas informações pode ser estratégica, assim esse tipo de obrigação é entendido pelos empresários como um elemento que apenas traz custos para a companhia e que ainda pode beneficiar seus concorrentes.

Por sua vez, a instituição E relatou que no processo de abertura de capital das empresas investidas pelo fundo, a principal dificuldade encontrada decorre da necessidade de aculturar seus acionistas controladores. No início do investimento existe uma falta de noções básicas de estrutura da empresa. Assim, há a necessidade de estruturar na empresa investida um departamento jurídico, um departamento financeiro, uma área de relacionamento com investidores, além de promover o entendimento pelo empresário de que terá que compartilhar a empresa com sócios. Diante disso, o gestor observa que a principal dificuldade está em aculturar essas transformações no pensamento no empresário, em fazê-lo compreender a importância de uma abertura de capital.

Com relação à decisão de abertura de capital e emissão de ações por PMEs, os gestores entrevistados identificaram alguns aspectos que limitam o interesse dessas empresas em buscarem essa alternativa de financiamento. O Gráfico 8, a seguir, apresenta os fatores espontaneamente indicados pelos investidores entrevistados, bem como indica quantos reconheceram os demais fatores como aspectos que afastam o interesse das PMEs pela abertura de capital.[219]

[219] Esses fatores foram identificados a partir das respostas dos entrevistados à pergunta 5 do roteiro de entrevista, presente no Anexo 2.

Gráfico 8 – Percepções dos investidores sobre os fatores que influenciam a decisão de abertura de capital por pequenas e médias empresas

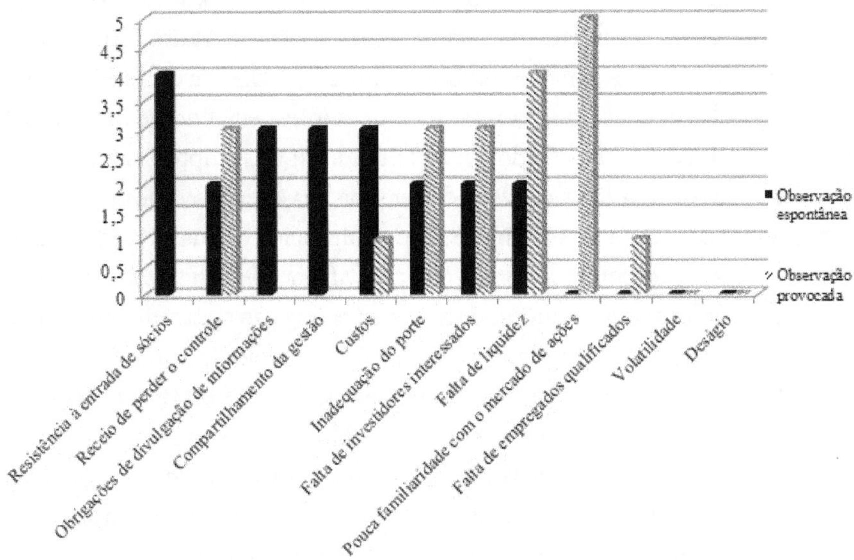

Fonte: Elaboração própria.

Dos gestores entrevistados, quatro afirmaram observar entre os pequenos e médios empresários certa resistência à entrada de novos sócios na empresa. Nesse sentido, está afirmação do gestor A de que a sociedade brasileira vem de uma cultura mais ibérica, marcada pela resistência dos proprietários das empresas ao compartilhamento dessas. Ou seja, afirma que partilhamos uma cultura que apresenta preferência por ser 100% proprietário de uma empresa menor, do que 10% de uma empresa muito maior, sendo essa uma barreira cultural muito forte.

O gestor B afirmou que os sócios dessas empresas muitas vezes entendem que não há necessidade de a sociedade ter investidores no mercado de capitais. Afirma, assim, que pode ser que tais sócios convivam bem com investidores financeiros, porém não com o mercado como um todo. No mesmo sentido, a instituição E afirmou que um dos aspectos que explicam por que as PMEs não optam pelo financiamento por meio do mercado acionário consiste na resistência apresentada pelos acionistas controladores ou sócios majoritários à necessidade de dividir a empresa com sócios.

Tal resistência à presença de sócios externos à família nas empresas também foi relatada pelo gestor G. De acordo com esse entrevistado, ainda existe o que denominou de "mentalidade patrimonialista" no Brasil. Muitos ainda observam a empresa como um patrimônio da família, resistindo à entrada de novos sócios. Ressalva que essa questão está melhorando, especialmente desde o ciclo de abertura de capital observado em 2007, tendo alguns empresários passado a perceber que o mercado de ações pode ser uma boa alternativa de crescimento para a empresa e que para isso é necessário atrair sócios, os quais irão auxiliar no desenvolvimento da companhia. Em que pese afirme identificar essa mudança, esse entrevistado destacou que ainda falta essa percepção para muitas empresas.

A resistência à possibilidade de perda do controle da companhia é um segundo elemento identificado pelos entrevistados. O gestor A relatou que verifica, entre os empresários, uma forte repulsa tanto ao fato da empresa passar a ter sócios quanto à possibilidade de perda do controle da companhia. No mesmo sentido, o gestor E declarou que observa, entre esses empresários, a existência de receio à perda de ingerência sobre a empresa.

Além do receio e resistência à perda do controle da companhia, de acordo com os gestores A, B e E entrevistados, os empresários também demonstram oposição ao compartilhamento da gestão da empresa, com a adoção de práticas de gestão profissionalizada. Uma das características de nossa cultura é, conforme declarado pelo gestor A, a afeição ao poder de decisão. Ainda, ser uma companhia de capital aberto implica, dentre outros aspectos, ter um diretor de relações com investidores, o que desagrada alguns empresários, segundo relatos dos gestores B e E.

Outro elemento que segundo os gestores entrevistados limita o interesse das PMEs pela abertura de capital e emissão de ações é a necessidade de divulgar informações sobre a companhia e também de ter reuniões com analistas. De acordo com o gestor B, a decisão de abertura de capital de uma empresa está muito relacionada ao desejo de seus sócios de que a empresa seja mais aberta, mais transparente com seus dados financeiros. Porém, observa que muitas vezes os sócios das empresas gostariam de manter os planos da sociedade restritos, não gostariam de dar publicidade a essas informações ou de ter a obrigação de publicar balanços trimestrais.

O gestor C também observou que, tendo em vista o espectro geral de PMEs, a resistência à divulgação de informações representa uma dificuldade. Porém, esse gestor observou que para as empresas da carteira do fundo que gerencia não entende que essa seria uma dificuldade. Isso porque, quando o fundo realiza o investimento nas empresas, os acionistas controladores já adotaram uma visão de maior transparência, com estruturas de governança adequadas, além de já terem seus balanços auditados. Assim, entende que para essas empresas há um distanciamento muito menor com relação a prática de ser uma empresa de capital aberto com ações em bolsa.

Quando questionado a respeito, o gestor D comentou que observa nas empresas certa resistência ao recebimento de investimento por *venture capital*, em função das mudanças que as empresas teriam que implementar em sua governança. Para a realização da abertura de capital e emissão de ações seriam necessárias muitas outras alterações na empresa, já o que o nível de transparência e governança exigido é ainda maior, diante do que entende que as empresas apresentariam ainda mais resistência.

Os custos relacionados à abertura de capital foram espontaneamente apontados por três entrevistados como uma dificuldade para o financiamento de PMEs por meio do mercado de ações. A instituição E observou, nesse sentido, que quanto menor for a empresa, mais pesados são os custos para a abertura de capital. Esses custos envolvem as despesas com o estruturador da oferta pública de ações, com taxas cobradas pela bolsa de valores, bem como as despesas realizadas com publicações em jornais. Os gestores B e D, por sua vez, relataram que alguns empresários alegam que os custos para manter a estrutura de uma companhia aberta são altos.

De todo modo, esses gestores fizeram a ressalva de que nos últimos anos foram adotadas reformas que tornaram esses custos mais adequados à PMEs. Também observaram que a existência de custos altos consiste em um complicador à decisão dos empresários de abrir capital, mas que representa um fator secundário. De acordo com o gestor B, esse é um elemento secundário, pois ainda que a manutenção da estrutura necessária para ser uma companhia aberta tenha um custo significativo, essa companhia também tem um acesso maior a recursos financeiros, com menor custo.

Similarmente, o gestor A, quando questionado a respeito de sua percepção sobre esse fator, observou que os custos necessários para a realização da abertura de capital e para a manutenção de uma companhia aberta podem ser entendidos como uma dificuldade para as PMEs. Porém, fez a ressalva de que para entender os custos como um entrave é preciso ponderar quais são os custos e os benefícios de uma abertura de capital. Os custos dessa alternativa de financiamento empresarial vêm atrelados a benefícios. Assim, observou que a abertura de capital é uma alternativa que as empresas têm, mas que não se aplica a todas. Pode ser alternativa atraente para empresas que desejam ter sócios, que precisam crescer, que tem uma visão de diversificação do patrimônio de seus controladores, caso em que faria sentido pela estratégia da empresa incorrer nos custos necessários. Porém, quando a empresa não possui essa visão, a abertura de capital deixa de ser adequada à essa empresa, e, assim, também deixaria de fazer sentido para a empresa incorrer nos custos de ser uma companhia aberta.

O gestor do fundo de investimento C, quando questionado a respeito, observou que os custos não representam uma dificuldade para a abertura de capital por PMEs. Entende que os custos desse processo evoluíram muito nos últimos anos, no sentido de que foram mais bem ajustados às peculiaridades de PMEs, do que é exemplo o Bovespa Mais. Da mesma forma, entende que os bancos de investimento e escritórios de advocacia também se adequaram e passaram a trabalhar com valores menores.

Outro motivo espontaneamente apontado pelos gestores dos fundos de investimento entrevistados consiste na percepção de inadequação do porte da empresa. O gestor da instituição A entende que um dos motivos pelos quais as empresas investidas não realizaram abertura de capital consiste em seu porte, que é pequeno quando comparado ao porte das companhias que acessam o mercado de ações. Isso porque, observa que em nosso mercado de capitais não se verifica a presença de muitas empresas pequenas e médias. No mesmo sentido, o gestor do fundo D declarou que o mercado brasileiro para a abertura de capital de empresas cujo faturamento seja de aproximadamente 50 milhões é uma realidade muito distante, diante do que essa alternativa nunca foi considerada pelas empresas que integram a carteira do fundo.

Os demais gestores entrevistados, quando questionados a respeito, afirmaram que essa é uma percepção verdadeira e que contribui para afastar as PMEs da abertura de capital. Os gestores B e C observaram que essa é a forma pela qual os empresários visualizam o mercado de capitais brasileiro, percepção essa que entendem estar correta, uma vez que a participação de companhias desse porte no mercado de capitais brasileiro é realmente limitada.

A possível falta de investidores interessados na oferta pública de ações e a incerteza a respeito de seu sucesso também foi elencado espontaneamente pelos gestores entrevistados como outro fator que afasta o interesse das PMEs por essa alternativa de captação de recursos. De acordo com os gestores dos fundos A e D, os sócios majoritários ou acionistas controladores das empresas apresentam receio de que eventualmente realizem a abertura de capital e não existam investidores interessados em adquirir as ações. Esse seria um componente de incerteza grande para os empresários. O gestor D também notou que a falta de casos de sucesso, de pequenas ou médias empresas que tenham emitido ações no mercado, contribui para essa insegurança. Quando questionados a respeito desse aspecto, os demais gestores entrevistados relataram que muitas PMEs têm receio de que uma eventual oferta pública de ações não tenha êxito e que isso traga prejuízos para a empresa.

Por fim, um último fator destacado espontaneamente pelos gestores C e D entrevistados é a falta de liquidez no mercado secundário. A falta de um mercado secundário de ações, seja para a empresa captar mais recursos, seja para conferir liquidez aos investidores, afasta o interesse das empresas pela abertura de capital, conforme declaração prestada pelo gestor C. Os demais gestores entrevistados também reconheceram que a falta de liquidez no mercado secundário é uma razão que afasta as PMEs dessa alternativa. Isso porque, como observado pelo gestor B, existe uma concentração de investimentos nas grandes empresas, o que acaba limitando a emissão de ações por novas companhias. O gestor A também reconheceu o aspecto da falta de liquidez como uma dificuldade, porém fez a ressalva de que é dada muita importância para a liquidez, quando a questão decorre mais significativamente do problema da falta de investidores de longo prazo, com grande horizonte de investimento.

Observados os fatores apontados espontaneamente pelos gestores entrevistados, bem como a visão dos outros gestores sobre esses mesmos fatores, o trabalho passa a apresentar a percepção dos gestores entrevistados sobre os demais elementos constantes na pergunta 5 do roteiro, mas que não foram espontaneamente abordados por nenhum entrevistado. Novamente, a Tabela 8, a seguir, sintetiza quais são esses fatores e apresenta a quantidade de entrevistados que os reconheceram como motivos que afastam o interesse das PMEs pela abertura de capital.

Tabela 8 – Percepções dos investidores sobre os fatores que influenciam a decisão de abertura de capital por pequenas e médias empresas

Fatores	Quantidade de investidores
Pouca familiaridade com o mercado de capitais	5
Falta de empregados qualificados	1
Volatilidade	0
Deságio sobre o preço da ação	0

Fonte: Elaboração própria.

O fator não espontâneo ao qual mais gestores manifestaram concordância se refere a pouca familiaridade com o mercado de capitais. Todos os gestores de fundos de investimentos em participações entrevistados reconheceram esse fator como um elemento que afasta as PMEs da captação de recursos no mercado de ações. O gestor do fundo A observou que os pequenos e médios empresários não visualizam o mercado de capitais como uma alternativa de financiamento. Em função de seu desconhecimento sobre esse mercado, os empresários também observam com receio a abertura de capital e emissão de ações, de acordo com os gestores A e B.

O gestor C destacou que a pouca familiaridade é uma dificuldade, porém se trata de um fator secundário, não sendo uma barreira tal como é a questão familiar e cultural. Assim, observou que essa é uma questão que pode ser aprimorada por medidas educativas. Nesse sentido, os gestores A e E destacaram a importância dos papel de associações e instituições, como a Associação Brasileira de *Private Equity* e *Venture Capital* (ABVCAP), a Associação Brasileira das Entidades dos Mercados Financeiro e de Capitais (ANBIMA), o Instituto Brasileiro de Governança Corporativa (IBGC) e o Banco Nacional de Desenvolvimento Econômico e Social (BNDES), para que promovam a educação e aculturamento dos pequenos e médios empresários sobre as possibilidades oferecidas pelo mercado de capitais.

A possível falta de empregados qualificados foi apontada por um dos gestores entrevistados como um dos motivos que afastam as PMEs da abertura de capital. Isso porque, segundo o gestor A, o acesso de PMEs a recursos financeiros é limitado, o que impacta sua possibilidade de contratação de funcionários qualificados para a realização de tarefas muito específicas. Por outro lado, os demais gestores observaram que esse não seria um problema, pois o mercado pode suprir as necessidades que as empresas venham a ter com relação à contratação de funcionários.

Os outros dois fatores restantes não foram reconhecidos como entraves ou dificuldades pelos gestores entrevistados. Com relação à volatilidade do mercado acionário, o gestor B observou que quando uma empresa opta por abrir capital e realizar uma oferta pública de ações, ela sabe previamente que haverá alterações no preço das ações. Esse mesmo gestor, assim como o gestor A, observaram que o aspecto da volatilidade do mercado acionário pode trazer oportunidades tanto para a empresa, que poderá recomprar ações por um preço mais baixo quanto para investidores de longo prazo. Ainda, o gestor A destacou que a persistência de uma precificação ruim das ações de uma determinada empresa pode funcionar como uma sinalização para essa empresa de algo pode não estar certo. Apesar do aspecto da volatilidade não funcionar como um elemento que afasta o interesse das empresas em buscarem a abertura de capital, o gestor E observou que essa questão é um complicador para o incentivo ao investimento no mercado de ações, afastando investidores desse mercado.

Por fim, quanto ao deságio sobre o preço das ações, todos os gestores entrevistados relataram que não se trata de um desestímulo à abertura de capital e emissão de ações por PMEs. De acordo com os entrevistados, o deságio é uma questão de demanda, de entendimento da oportunidade, da atratividade e crescimento potencial do negócio. Assim, é uma questão de expectativa, e, quando um empresário opta pela abertura de capital, ele recebe auxílio para ajustar adequadamente essa expectativa.

3.3 Conclusões parciais

A realização das entrevistas cujos resultados foram apresentados neste capítulo teve como objetivo geral identificar fatores que explicam a participação inexpressiva de PMEs no mercado de ações brasileiro. Essa participação é diretamente influenciada por duas perspectivas distintas, quais sejam, a perspectiva dos possíveis emissores de ações – empresas de pequeno ou médio porte – e a perspectiva dos possíveis investidores que venham a comprar essas ações.

Assim, as entrevistas realizadas buscaram analisar o interesse das PMEs em recorrer ao mercado de ações como uma fonte de financiamento empresarial, bem como o interesse dos investidores em investir em ações de PMEs. Foram analisadas, portanto, decisões tomadas sob duas perspectivas: de um lado, a decisão de abrir capital e emitir ações para capitalizar a empresa, e de outro, a decisão de investir ou não em ações de PMEs. A partir dos dados coletados nas entrevistas, analisados junto com os aspectos identificados na literatura apresentada no capítulo anterior, o trabalho apresenta as seguintes conclusões parciais.

As percepções obtidas com as entrevistas realizadas corroboram os resultados identificados em outros estudos sobre o tema e também demonstram outros fatores que explicam a participação inexpressiva de PMEs no mercado de ações. Os fatores que foram destacados de modo mais recorrente pelos entrevistados, em geral, coincidem com aqueles observados na literatura analisada. Esses fatores são os seguintes.

As entrevistas realizadas com os sócios majoritários ou acionistas controladores de PMEs demonstraram que os custos decorrentes do processo de abertura de capital e da manutenção da condição de companhia aberta influenciam negativamente a decisão de abrir capital. Do total de nove entrevistados, seis afirmaram de maneira espontânea que deixam de optar pela abertura de capital porque se trata de alternativa demasiadamente custosa para a empresa. Ainda, outros dois entrevistados responderam que esse é um dos fatores que os desencoraja a realizarem a abertura de capital da empresa.

Esse aspecto também é apontado por outras pesquisas que analisaram o acesso de PMEs ao mercado de ações no Brasil e em diversos outros países.

De acordo com estudos da IOSCO,[220] WFE[221] e OCDE,[222] os custos de abertura de capital e de manutenção de uma companhia aberta representam uma das maiores dificuldades encontradas pelas PMEs para a abertura de capital. Nos estudos realizados pelo Grupo de Ofertas Menores,[223] pelo Ibri e Deloitte,[224] pelo Centro de Estudos do IBMEC[225] essa dificuldade foi considerada, respectivamente, como o terceiro e o segundo fator mais relevante pelas empresas que participaram dessas pesquisas.

Também é possível observar que persiste no Brasil o controle familiar das empresas. As entrevistas realizadas tanto com os sócios majoritários das empresas quanto com os gestores dos fundos de investimento evidenciam que essa forma de controle identificada há tempo é ainda hoje bastante presente e influencia a decisão de pequenos e médios empresários em não buscarem financiamento por meio do mercado de ações, devido ao receio de se perder o controle da empresa. Entre os nove entrevistados, quatro afirmaram espontaneamente que deixam de buscar financiamento por meio do mercado de ações por receio de perder o controle da empresa. Esse motivo foi confirmado por outros quatro entrevistados que, quando questionados a respeito, informaram que a possibilidade de perda do poder de controle da empresa representa um entrave à decisão de abertura de capital e emissão de ações. Também foi observado que existem empresas em que essa forma de controle não está presente, o que vem inclusive sendo verificado em um número crescente de empresas. Ainda assim, a maioria das entrevistas realizadas destacou que o poder de controle familiar é bastante presente.

Esse resultado, obtido com as entrevistas realizadas por este trabalho, confirma outras pesquisas sobre o tema. O receio de perder o controle da empresa, após a abertura de capital, é identificado pela IOSCO[226] como um dos fatores de dissuasão preponderantes para PMEs. Conforme estudo da OCDE[227] essa também é uma razão importante, na medida em que a estrutura

220 Ver seção 2.3.1, item a, p. 28.
221 Ver seção 2.3.1, item a, p. 28.
222 Ver seção 2.3.1, item a, p. 28.
223 Ver seção 2.3.2, item a, p. 37-38.
224 Ver seção 2.3.2, item a, p. 38.
225 Ver seção 2.3.2, item a, p. 38.
226 Ver seção 2.3.1, item a, p. 29.
227 Ver seção 2.3.1, item a, p. 29.

de propriedade concentrada familiar encontrada em muitas empresas desse porte torna o financiamento por meio do mercado de ações menos visado.

No Brasil, a resistência a qualquer prática que pudesse colocar em risco a manutenção dessa estrutura de propriedade foi constatada há décadas.[228] Estudos mais recentes, realizados pelo Grupo de Ofertas Menores, IBMEC e pelo Ibri e Deloitte, também observam que alterações no poder de controle da companhia, decorrente da abertura de capital, desestimulam o acesso de PMEs ao mercado de ações.[229]

A resistência à entrada de sócios externos a família na empresa, assim como à implementação de práticas de profissionalização e de compartilhamento da gestão reforçam a persistência do controle familiar. Esses são outros dois fatores que afastam as empresas de menor porte do financiamento por meio do mercado de ações, os quais foram também demonstrados por outras pesquisas sobre o tema.

Quatro entrevistados no âmbito desta pesquisa espontaneamente afirmaram que a entrada de novos sócios na empresa, diante de uma abertura de capital e emissão de ações, limita seu interesse em buscar essa alternativa de financiamento. Ou seja, mais do que um receio de perder o controle da companhia, as entrevistas realizadas demonstram que existe por parte das PMEs certa resistência à entrada de sócios externos à família na empresa. Esse dado confirma o aspecto identificado há décadas por uma pesquisa realizada por Fernando Henrique Cardoso,[230] segundo a qual o principal aspecto que explicava a decisão das empresas de não abrirem seu capital consistia no "desejo de manter só a família nos negócios".[231]

A partir das entrevistas realizadas também se observa que o compartilhamento e a profissionalização da gestão das PMEs, decorrente da abertura de capital, é outro fator que dissuade a busca por essa alternativa de financiamento. Quatro entrevistados observaram, de maneira espontânea, que alterações na forma de gestão da empresa, por exemplo, com a criação de um conselho de administração e contratação de novos conselheiros e diretores, afastam as empresas de menor porte do mercado de ações. Esses dados

[228] Ver seção 2.3.2, item a, p. 36-37.

[229] Ver seção 2.3.2, item a, p. 37.

[230] Ver seção 2.3.2, item a, p. 37.

[231] Ver seção 2.3.2, item a, p. 37.

também confirmam os resultados observados em pesquisas realizadas pelo Grupo de Ofertas Menores; pelo Ibri e pela Deloitte; e também por Fernando Henrique Cardoso.[232]

Ainda, outro fator observado nas entrevistas realizadas é a resistência à necessidade de divulgação de informações. Acessar o mercado de ações necessariamente implica cumprir obrigações de divulgação de informações, o que quatro entrevistados espontaneamente afirmaram que os afasta da abertura de capital. Esse aspecto corrobora os resultados verificados em pesquisas da IOSCO, OCDE, WFE e Comitê de Ofertas Menores, que demonstram que a aversão à divulgação de informações sensíveis às empresas dificulta seu financiamento por meio do mercado de ações.[233]

A resistência dos pequenos e médios empresários em adotar práticas de governança corporativa é um fator que, de acordo com os gestores de fundos de investimento entrevistados, dificulta a realização de investimentos nessas empresas de menor porte. Esse é um aspecto que foi reiteradamente citado nas entrevistas realizadas, mas não havia sido expressamente indicado por outros estudos que trataram do tema.

Sua indicação por quatro gestores de fundos de investimento entrevistados confirma alguns dos fatores colocados pelos sócios majoritários ou acionistas controladores das PMEs entrevistados. Três gestores entrevistados declararam que os empresários muitas vezes resistem à implementação de práticas de gestão profissionalizada, o que dificulta a realização de investimentos nessa categoria de empresas. Além disso, um dos gestores entrevistados declarou que a principal dificuldade que encontra para a realização de investimentos em PMEs é a resistência que essas apresentam à entrada de novos sócios na empresa.

Ainda de parte dos investidores, os demais fatores identificados pelas entrevistas estão em linha com o observado nas pesquisas analisadas. A dificuldade relacionada à baixa liquidez que restringe o interesse de investidores por ações de PMEs foi bastante enfatizada tanto nas entrevistas quanto em outras pesquisas que analisaram o tema no Brasil e em outros países.

[232] Ver seção 2.3.2, item a, p. 35-36.

[233] Ver seção 2.3.1, item a, p. 30. Ver também seção 2.3.2, item a, p. 35.

Das sete instituições entrevistadas, cinco gestores declararam que a baixa liquidez das ações de PMEs limita o interesse dos investidores por esse investimento. Esses dados obtidos com as entrevistas realizadas confirmam os resultados de estudos da IOSCO, WFE, OCDE, Comitê de Ofertas Menores e IBMEC.[234]

A insuficiência, em termos de qualidade e quantidade, das informações divulgadas por empresas de menor porte é outro fator, identificado pelas entrevistas, que atua dificultando a realização de investimentos nessas empresas. Quatro gestores entrevistados afirmaram que encontram dificuldades para investir em ações de PMEs, pois, em geral, as empresas desse porte são menos transparentes e as informações divulgadas são insuficientes. Trata-se de aspecto também identificado nos estudos analisados que foram realizados por instituições internacionais, sendo elas a OCDE e WFE.[235]

Ainda, a partir das entrevistas realizadas foi verificado que o maior risco associado ao investimento em ações de PMEs também limita o interesse dos investidores em empresas de menor porte. Esse fator foi apontado por três dos gestores entrevistados e está de acordo com pesquisa realizada pela OCDE.[236]

Por fim, a alta taxa de juros praticada no mercado brasileiro observada, tanto nas entrevistas quanto na literatura analisada, é outro fator que desfavorece o investimento em ações de PMEs. Entre os gestores entrevistados, três declararam que, em geral, a taxa de juros elevada que remunera o investimento em renda fixa limita o interesse de investidores pelo investimento em renda variável. Os estudos realizados pelo Comitê de Ofertas Menores e IBMEC confirmam as informações obtidas nessas entrevistas.[237]

[234] Ver seção 2.3.1, item b, p. 31-32 e seção 2.3.2, item b, p. 39-40.

[235] Ver seção 2.3.1, item b, p. 32-33.

[236] Ver seção 2.3.1, item b, p. 33.

[237] Ver seção 2.3.2, item b, p. 39-40.

Capítulo 4 – Dificuldades de Acesso de Pequenas e Médias Empresas ao Mercado de Ações

Identificados os fatores que dificultam o acesso de pequenas e médias empresas (PMEs) ao mercado de ações, este capítulo busca analisar cinco fatores que preponderaram nas entrevistas e nos estudos analisados, quais sejam: os custos da abertura de capital e de manutenção de uma companhia aberta; a resistência à divulgação de informações por parte dos potenciais emissores; o receio de perda do controle; a resistência à entrada de sócios e à admissão de administradores externos.

Essa análise buscará observar, em maior detalhe, como cada aspecto pode explicar a participação inexpressiva de PMEs no mercado de ações. A partir da análise desses fatores este capítulo também busca perceber como o direito influencia no desenvolvimento do mercado de capitais.

4.1 Custos da abertura de capital e de manutenção de uma companhia aberta

Um dos fatores mais citados em estudos sobre as dificuldades de acesso de PMEs ao mercado de ações, assim como nas entrevistadas realizadas nesta pesquisa, corresponde aos custos de abertura de capital e de manutenção de uma companhia aberta. Argumenta-se que esses custos são demasiadamente altos para empresas de menor porte, o que dificulta sua abertura de capital.

Diante disso, essa seção busca observar quais são esses custos e quais medidas foram adotadas no cenário brasileiro a fim de adequá-los a empresas de menor porte.

A Deloitte, com o apoio da B3, realizou uma análise dos custos para a abertura de capital no Brasil tendo como base as informações públicas de 198 companhias que realizaram IPOs e ofertas subsequentes entre janeiro de 2005 e abril de 2017.[238] Esse estudo divide os custos em três tipos diferentes: (i) custos diretamente ligados à preparação da empresa para se tornar uma companhia aberta; (ii) custos diretamente associados à oferta pública de ações; (iii) custos associados à condição de companhia aberta, com ações listadas em bolsa de valores.

Os custos relativos à preparação da empresa para a abertura de capital dependem da estrutura apresentada pela empresa inicialmente.[239] São divididos em custos diretos e indiretos. Os custos diretos envolvem, por exemplo, despesas com publicidade legal e imprensa, bem como as despesas para cumprimento das obrigações de divulgação de informações.[240] Já o custo indireto corresponde à diferença entre o preço de oferta registrado no prospecto e o preço de fechamento do primeiro dia de negociação das ações no mercado. O estudo realizado pela Deloitte observa que é difícil mensurar os custos envolvidos nesse processo e que alguns empresários entendem que aprimorar a estrutura da empresa, buscando observar melhores práticas de governança corporativa é algo natural e intrínseco a seu processo de crescimento. Nesse caso, contratar uma empresa de auditoria não representaria um custo relacionado à abertura de capital.[241]

Com relação aos custos diretamente associados à oferta pública de ações, integram essa categoria as comissões pagas aos coordenadores, os honorários profissionais e as taxas de listagem. Já a terceira categoria, custos de

[238] Disponível em: http://www.custosipobrasil.deloitte.com.br.

[239] Dessa forma, caso a empresa já seja, por exemplo, auditada por uma empresa de auditoria externa e possua nível adequado de transparência, será menos impactada por esses custos. DELOITTE. Custos para abertura de capital no Brasil: uma análise das ofertas entre 2005 e 2017. Disponível em: http://www.custosipobrasil.deloitte.com.br.

[240] DELOITTE. Custos para abertura de capital no Brasil: uma análise das ofertas entre 2005 e 2017.

[241] DELOITTE. Custos para abertura de capital no Brasil: uma análise das ofertas entre 2005 e 2017.

manutenção de companhia aberta, envolve os custos decorrentes de obrigações colocadas pela regulação do mercado de capitais, de manutenção de estruturas e práticas de governança corporativa, bem como honorários profissionais e taxas anuais.[242]

Esse estudo da Deloitte demonstrou que, entre 2005 e 2017, a mediana dos custos totais em relação ao valor da oferta para um IPO foi de 4,8%.[243] A partir desse estudo, é possível observar que os custos de abertura de capital são proporcionalmente maiores para PMEs. Isso porque esses custos variam conforme o valor da oferta, e, quanto menor esse valor, mais expressivos são os custos em termos proporcionais, conforme pode ser observado na Tabela 9 e no Gráfico 9 a seguir.

Tabela 9 – Custos de abertura de capital (variação conforme o valor distribuído)

Variação de acordo com o valor distribuído (em %)				
	Até R$ 200 mi	De R$ 201 mi a R$ 500 mi	De R$ 501 mi a R$ 1 bi	De R$1.001 bi a R$ 10 bi
Colocação	1,8	1,8	1,5	1
Coordenação	0,7	0,6	0,5	0,4
Garantia de Liquidação	0,6	0,6	0,6	0,4
Outras	0,5	0,8	0,8	0,4
Total	4	3,9	3,6	2,4

Fonte: Deloitte.

242 DELOITTE. Custos para abertura de capital no Brasil: uma análise das ofertas entre 2005 e 2017. Alguns exemplos desses custos para a manutenção do registro de companhia aberta com ações negociadas em bolsa de valores são: (i) custos de manutenção de estruturas de governança como conselhos, relações com investidores, gestão de risco; (ii) custos com auditoria independente (de demonstrações financeiras trimestrais e anuais); (iii) custos com a elaboração de demonstração em padrão internacional – IFRSs; (iv) publicação de editais para convocação de assembleias gerais ordinárias e extraordinárias, bem como das atas das assembleias e divulgação de fatos relevantes; (v) taxa de fiscalização devida à CVM; (vi) anuidade paga à B3.

243 Para uma emissão subsequente o custo foi de 3,7%. Disponível em: https://www2.deloitte.com/content/dam/Deloitte/br/Documents/audit/Abertura%20Capital%20(006).pdf.

Gráfico 9 – Custos de abertura de capital (variação conforme o valor distribuído)

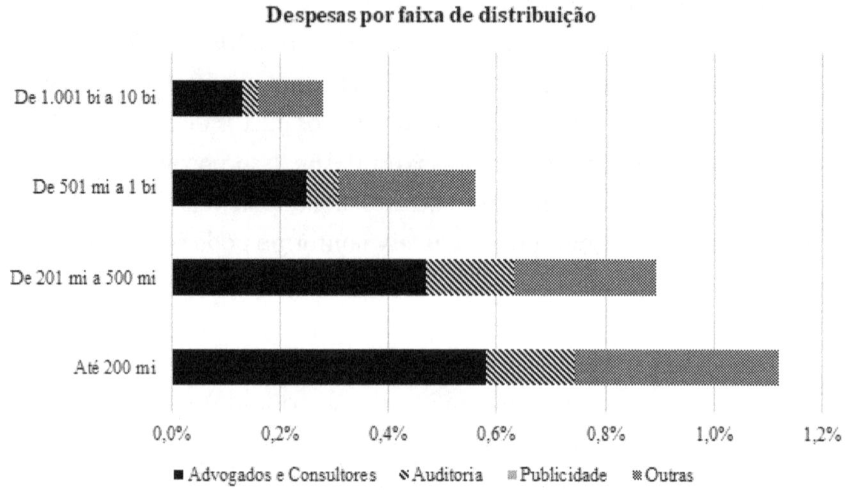

Fonte: Deloitte.

Diante das percepções identificadas nos estudos analisados de que os custos da abertura de capital e da manutenção de companhia aberta dissuadem as empresas de menor porte a realizarem um IPO, algumas medidas foram tomadas pela CVM, pela B3 e também pelo Poder Legislativo.

Uma das medidas adotadas pela B3 buscou reduzir o custo de entrada no mercado de capitais e as taxas de manutenção. Para as companhias que ingressassem no segmento de listagem do Bovespa Mais, a B3 passou a patrocinar a elaboração de relatórios de análise sobre a companhia pelo período de dois anos.[244] Além disso, isentou o pagamento de todas as taxas iniciais

[244] Conforme folheto informativo do Bovespa Mais "A empresa que realiza seu IPO no Bovespa Mais pode ter acompanhamento gratuito, patrocinado pela Bolsa, de duas instituições especializadas, caso tenha interesse e atenda aos critérios estabelecidos, por meio da assinatura do Termo de Adesão ao Convênio firmado entre BM&FBOVESPA e Apimec. Cada uma das instituições especializadas produz dois relatórios de análise por ano, que ficam disponíveis no site da Bolsa, sendo que o benefício é válido por dois anos". Disponível em: http://www.bmfbovespa.com.br/pt_br/listagem/acoes/segmentos-de-listagem/bovespa-mais/. DIAS, Luciana

(taxa de análise de listagem, análise de oferta e oferta pública) para as companhias que ingressassem no Bovespa Mais e Bovespa Mais Nível 2. O pagamento da anuidade no primeiro ano de listagem também foi dispensado, aplicando-se desconto nos anos seguintes.[245]

Com relação aos custos de manutenção de companhia aberta, nos debates realizados entre as instituições que integraram o Comitê de Ofertas Menores houve pouco consenso sobre o que poderia ou não ser retirado. O único ponto consensual correspondeu à retirada da exigência de publicação de demonstrações financeiras anuais e de atas de assembleias ordinárias e extraordinárias em jornais, tanto oficiais quanto de grande circulação.[246] A Instrução CVM n. 548/2014 dispensou a necessidade de publicações relativas à oferta em jornais impressos e de impressão do prospecto.[247] Essa obrigação foi substituída pela publicação dessas informações em sistema específico da CVM e da B3 e na página eletrônica do próprio emissor. Já a Lei 13.043/14, art. 19, §1º, atendeu parcialmente essas propostas, mantendo a exigência de publicação das informações em jornal de grande circulação.

Recentemente, a questão dos custos relacionados à abertura de capital voltou a ser discutida no âmbito da Iniciativa Mercado de Capitais - IMK, projeto que está sendo desenvolvido em conjunto entre Ministério da Economia, Bacen, CVM, B3, ANBIMA e outras entidades de mercado.[248] Entre as

P.; PEREIRA, Cristina; ARANHA, Bruno Caldas. O Financiamento das Empresas e o Acesso ao Mercado de Capitais por Pequenas e Médias Empresas - Projeto Ofertas Menores... p. 241.

245 Conforme política de preços para emissores disponível em: http://www.b3.com.br/lumis/portal/file/fileDownload.jsp?fileId=8AA8D0976075EB990160982060F51977. DIAS, Luciana P.; PEREIRA, Cristina; ARANHA, Bruno Caldas. O Financiamento das Empresas e o Acesso ao Mercado de Capitais por Pequenas e Médias Empresas - Projeto Ofertas Menores... p. 240-241.

246 DIAS, Luciana P.; PEREIRA, Cristina; ARANHA, Bruno Caldas. O Financiamento das Empresas e o Acesso ao Mercado de Capitais por Pequenas e Médias Empresas - Projeto Ofertas Menores...p. 238-239.

247 Disponível em: http://www.cvm.gov.br/export/sites/cvm/legislacao/instrucoes/anexos/500/inst548.pdf.

248 A Iniciativa Mercado de Capitais foi lançada em junho de 2019 pelo Banco Central do Brasil (Bacen). ASSOCIAÇÃO BRASILEIRA DAS ENTIDADES DOS MERCADOS FINANCEIRO E DE CAPITAIS (ANBIMA). Novo Grupo de Trabalho do Governo Busca Desenvolvimento do Mercado de Capitais Brasileiro. *Anbima - Notícias.* 04 de junho de 2019. Disponível em: https://www.anbima.com.br/pt_br/noticias/novo-grupo-de-trabalho-do-governo-busca-desenvolvimento-do-mercado-de-capitais-brasileiro.htm. Ver, por exemplo,

atividades desenvolvidas por esse grupo de trabalho, está a discussão de um projeto de lei que deve propor alterações à Lei nº 6.404/1976, com objetivo de conferir à CVM a possibilidade de aplicar descontos regulatórios a companhias cujo faturamento bruto anual seja de até R$ 500.000,00 (quinhentos milhões de reais).[249]

A observação dessas reformas implementadas demonstra que os custos para abertura de capital e de manutenção da condição de companhia aberta são bastante enfatizados como uma razão que dificulta a abertura de capital por PMEs. De todo modo, é preciso ressaltar que o Diagnóstico do Grupo de Ofertas Menores concluiu que os custos fixos das ofertas registradas em outros países não são menores do que os custos fixos praticados no mercado brasileiro.[250] No mesmo sentido, o relatório final do Projeto Ofertas Menores concluiu que os custos do IPO e de manutenção como companhia aberta não representam o maior obstáculo à abertura de capital.[251]

SIMÃO, Edna. Projeto de Lei prevê Custo Menor para Captação de Pequena Empresa. *Valor Econômico*, São Paulo, 16 de janeiro de 2020. Disponível em: https://valor.globo.com/financas/noticia/2020/01/17/projeto-de-lei-preve-custo-menor-para-captacao-de-pequena-empresa.ghtml. Além dessa iniciativa mais recente, destaca-se que entre 2017 e 2019 a CVM divulgou estudos feitos sobre os custos regulatórios de manutenção de uma companhia aberta, no contexto do "Projeto Estratégico de Redução de Custo de Observância Regulatória". Ver CVM. Custo de Observância Regulatória. Disponível em: http://www.cvm.gov.br/legislacao/custo_observancia.html.

249 SIMÃO, Edna. Projeto de Lei prevê Custo Menor para Captação de Pequena Empresa. *Valor Econômico*, São Paulo, 16 de janeiro de 2020. Disponível em: https://valor.globo.com/financas/noticia/2020/01/17/projeto-de-lei-preve-custo-menor-para-captacao-de-pequena-empresa.ghtml.

250 AGÊNCIA BRASILEIRA DE DESENVOLVIMENTO INDUSTRIAL (ABDI) *et al.* Diagnóstico do Grupo de Trabalho, Experiências Internacionais, Utilização do Mercado de Capitais para o Financiamento de Pequenas e Médias Empresas por Meio de Ações... p. 15.

251 DIAS, Luciana P.; PEREIRA, Cristina; ARANHA, Bruno Caldas. O Financiamento das Empresas e o Acesso ao Mercado de Capitais por Pequenas e Médias Empresas – Projeto Ofertas Menores... p. 235, 245.

4.2 Obrigações de divulgação de informações

A divulgação de informações é uma técnica central na regulação do mercado de capitais.[252] Ao longo dos anos foram se estabelecendo diversas obrigações às companhias para que divulguem determinadas informações. A principal função das regras de divulgação obrigatória de informações na regulação do mercado de capitais é fornecer aos agentes econômicos informação para que possam tomar melhores decisões.[253] Isso, com base no entendimento de que na ausência de regras de divulgação obrigatória de informações o nível de informações disponíveis para tal tomada de decisões estaria abaixo do considerado ótimo.[254]

Entretanto, as entrevistas realizadas, assim como outros estudos que trataram do acesso de PMEs ao mercado de capitais, identificaram que a necessidade de cumprimento de obrigações de divulgação de informações dissuade a abertura de capital por muitas empresas de menor porte.[255] Tendo isso em vista, esta seção objetiva analisar como as regras de divulgação obrigatória de informações podem afetar o financiamento de PMEs por meio do mercado de ações.

Um dos argumentos observados é o de que o cumprimento das obrigações de divulgação de informações é demasiadamente custoso para empresas de menor porte.[256] Os custos da divulgação de informações podem ser classi-

[252] Para uma revisão dos argumentos teóricos a favor da divulgação obrigatória de informações no mercado de capitais, ver, dentre outros, ENRIQUES, Luca; GILOTTA, Sergio. Disclosure and Financial Market Regulation. *In*: MOLONEY, Niamh; FERRAN, Eilís; PAYNE, Jennifer. *The Oxford Handbook of Financial Regulation*. Oxford: Oxford University Press, 2015. p. 512-535.

[253] ENRIQUES, Luca; GILOTTA, Sergio. Disclosure and Financial Market Regulation... p. 512.

[254] ENRIQUES, Luca; GILOTTA, Sergio. Disclosure and Financial Market Regulation... p. 512. KRAAKMAN, et al. *The Anatomy of Corporate Law:* A Comparative and Functional Approach. 3. ed. Oxford: Oxford University Press, 2017. p. 246-247.

[255] Conforme observado nas seções 2.3 e 3.2.1.

[256] FERRARINI, Guido; OTTOLIA, Andrea. Corporate Disclosure as a Transaction Cost: The Case of SMEs. *European Review of Contract Law*, v. 9, n. 4, p. 363-386, 2013; ENRIQUES, Luca; GILOTTA, Sergio. Disclosure and Financial Market Regulation...p. 529.

ficados em custos diretos e indiretos.[257] Os primeiros se relacionam com a produção dos dados e das informações exigidas e com o monitoramento de procedimentos por diversos mecanismos de governança corporativa, como auditoria interna e externa.[258] Ou seja, envolvem, dentre outros, os custos de elaboração, impressão e envio de documentos, assim como os custos de oportunidade de todos os agentes que participam do processo de divulgação de informações e de efetivação das respectivas regras.[259]

Já os custos indiretos decorrem essencialmente da divulgação de informações para outras empresas, que podem obter vantagem competitiva a partir de tais informações.[260] Esses custos são mais difíceis de serem mensurados, e um exemplo de custo indireto seria que a divulgação de informações pode levar empresas a mudarem ou desistirem de projetos lucrativos. Isso porque a lucratividade e o valor desse projeto podem estar associados a seu desenvolvimento sob sigilo.[261]

No decorrer da última década, os custos de divulgação de informações pelas companhias foram significativamente ampliados, em função de reformas de governança corporativa especialmente relacionadas a informações financeiras e seus respectivos controles.[262] Assim, essas reformas são frequentemente

[257] EASTERBROOK, Frank; FISCHEL, Daniel. Mandatory Disclosure and the Protection of Investors. *Virginia Law Review*, v. 70, p. 669-715, 1984, p. 707-709; FERRARINI, Guido; OTTOLIA, Andrea. Corporate Disclosure as a Transaction Cost: The Case of SMEs...p. 364-365. Esses custos também são classificados em custos operacionais e custos internos à companhia, conforme FOX. Retaining Mandatory Securities Disclosure: Why Issuer Choice is not Investor Empowerment. *Virginia Law Review*, v. 85, n. 7, p. 1335-1419, 1999, p. 1345-1346; FOX. Regulating Public Offerings of Truly New Securities: First Principles. *Duke Law Journal*, v. 66, p. 673-727, 2016, p. 700.

[258] FERRARINI, Guido; OTTOLIA, Andrea. Corporate Disclosure as a Transaction Cost: The Case of SMEs...p. 364-365.

[259] ENRIQUES, Luca; GILOTTA, Sergio. Disclosure and Financial Market Regulation... p. 526. EASTERBROOK, Frank; FISCHEL, Daniel. Mandatory Disclosure and the Protection of Investors...p. 707.

[260] FERRARINI, Guido; OTTOLIA, Andrea. Corporate Disclosure as a Transaction Cost: The Case of SMEs...p. 365. Para uma descrição mais ampla dos custos diretos e indiretos ver EASTERBROOK, Frank; FISCHEL, Daniel. Mandatory Disclosure and the Protection of Investors.

[261] EASTERBROOK, Frank; FISCHEL, Daniel. Mandatory Disclosure and the Protection of Investors...p. 708-709.

[262] FERRARINI, Guido; OTTOLIA, Andrea. Corporate Disclosure as a Transaction Cost: The Case of SMEs...p. 365.

apontadas como responsáveis pela redução do acesso de PMEs ao mercado de capitais.[263]

A divulgação de informações também é afetada por questões de economia de escala, de modo que os custos de divulgação de informações diminuem conforme o tamanho da companhia aumenta.[264] Em função disso, as companhias de menor porte são sobrecarregadas por altos custos para cumprir suas obrigações de divulgação de informações.[265] Ainda, grande parte dos custos diretos de divulgação de informações são fixos, de modo que tendem a ser mais pesados para pequenas companhias, colocando-as em desvantagem competitiva com relação às companhias de grande porte.[266]

As regras de divulgação de informações também impactam de modo mais significativo as empresas menores, pois essas geralmente não são diversificadas. Desse modo, a divulgação de informações por essas empresas é, a princípio, mais informativa e prejudicial à sua posição competitiva do que a divulgação realizada por emissores de maior porte, que operam em segmentos de negócio diferentes e em espaços geográficos diversos.[267] Ou seja, o valor da confidencialidade é, a princípio, mais alto para emissores de menor porte

[263] FERRARINI, Guido; OTTOLIA, Andrea. Corporate Disclosure as a Transaction Cost: The Case of SMEs...p. 365.

[264] LEUZ, Christian; WYSOCKI, Peter. The Economics of Disclosure and Financial Reporting Regulation: Evidence and Suggestions for Future Research. *Journal of Accounting Research*, v. 54, n. 2, p. 525-622, 2016, p. 535; FOX. Regulating Public Offerings of Truly New Securities: First Principles...p. 715-716.

[265] LEUZ, Christian; WYSOCKI, Peter. The Economics of Disclosure and Financial Reporting Regulation: Evidence and Suggestions for Future Research...p. 535.

[266] ENRIQUES, Luca; GILOTTA, Sergio. Disclosure and Financial Market Regulation... p. 529; EASTERBROOK, Frank; FISCHEL, Daniel. Mandatory Disclosure and the Protection of Investors...p. 671; LEUZ, Christian; WYSOCKI, Peter. The Economics of Disclosure and Financial Reporting Regulation: Evidence and Suggestions for Future Research...p. 535.

[267] ENRIQUES, Luca; GILOTTA, Sergio. Disclosure and Financial Market Regulation... p. 529. SCHON, Wolfgang. Corporate Disclosure in a Competitive Environment: The Quest for a European Framework on Mandatory Disclosure. *Journal of Corporate Law Studies*, v. 6, p. 259-298, 2006, p. 288. Para uma descrição mais ampla sobre a relação entre regras de divulgação obrigatória de informações e competitividade entre empresas, ver SCHON, Wolfgang. Corporate Disclosure in a Competitive Environment: The Quest for a European Framework on Mandatory Disclosure.

do que para companhias de grande porte, o que torna a divulgação de informações mais onerosa para essa categoria de companhias.[268]

Mesmo por parte de grandes empresas no Brasil, observa-se que há resistência à divulgação de informações pelas companhias. Uma pesquisa realizada pela Korn/Ferry e McKinsey, em 2001, demonstrou que para a maioria dos membros do conselho de administração o nível de transparência com o mercado financeiro é satisfatório, pois não há interesse em divulgar mais informações sigilosas aos concorrentes. Por outro lado, os acionistas minoritários entendem que a comunicação existente é insuficiente, estando insatisfeitos com o nível de transparência, o que representa um impedimento para a realização de novos investimentos por parte de acionistas minoritários.[269] Para 76% dos conselheiros que participaram dessa pesquisa, a comunicação com o mercado é satisfatória, já que um nível excessivo de comunicação resultaria na disseminação de informações valiosas para os concorrentes.[270]

Tendo em vista a maior onerosidade das obrigações de divulgação de informações para PMEs, órgãos reguladores dos mercados de capitais de diferentes países têm adotado medidas.[271] Nesse sentido, a CVM e outras instituições

[268] ENRIQUES, Luca; GILOTTA, Sergio. Disclosure and Financial Market Regulation... p. 529. Doidge et al. também observam que, no mercado de ações americano, regras de divulgação de informações inadequadas estão afastando empresas menores da abertura de capital, especialmente empresas cujo capital é intangível. DOIDGE, Craig; KAHLE, Kathleen; KAROLYI, Anrew; STULZ, René. Eclipse of the Public Corporation or Eclipse of the Public Markets? ECGI Working Paper nº 547, 2018.

[269] Essa pesquisa realizada pela Korn/Ferry e Mckinsey, em 2001, buscou entender como é a governança nas grandes empresas no Brasil. Os resultados da pesquisa decorrem de questionários respondidos por 74 empresas, todas com faturamento superior a US$ 250 milhões, bem como de entrevistas realizadas com 14 conselheiros. KORN FERRY INTERNATIONAL & MCKINSEY COMPANY. Panorama de Governança Corporativa no Brasil, 2001, p. 8. Disponível em: http://www.ecgi.global/code/panorama-de-governança-corporativa-no-brasil-report-mckinsey-company-and-kornferry.

[270] KORN FERRY INTERNATIONAL & MCKINSEY COMPANY. Panorama de Governança Corporativa no Brasil... p. 20.

[271] ENRIQUES, Luca; GILOTTA, Sergio. Disclosure and Financial Market Regulation... p. 529-530. Para uma revisão das medidas adotadas para solucionar essa e outras dificuldades, ver AGÊNCIA BRASILEIRA DE DESENVOLVIMENTO INDUSTRIAL (ABDI) *et al.* Incentivos à Abertura de Capital em Bolsa de Valores: Relatório Final... 2013. p. 85-104; AGÊNCIA BRASILEIRA DE DESENVOLVIMENTO INDUSTRIAL (ABDI) *et al.* Diagnóstico do Grupo de Trabalho, Experiências Internacionais, Utilização do Mercado de Capitais para o Financiamento de Pequenas e Médias Empresas por Meio de Ações...; HARWOOD,

integrantes da Iniciativa Mercado de Capitais – IMK tem avaliado a possibilidade de flexibilizar a obrigação de divulgação de determinadas informações por companhias de pequeno e médio porte.[272] De acordo com a minuta de projeto de lei que vem sendo discutida por esse grupo de trabalho, a CVM poderia diminuir exigências regulatórias em procedimentos de obtenção de registro de emissores, de distribuições públicas primárias e secundárias de valores mobiliários (incluindo a possibilidade de dispensa de participação de instituição intermediária) e de prestação de informações periódicas e eventuais, entre outros.[273]

4.3 Controle familiar e governança corporativa

Esta seção busca verificar se, e como, o controle familiar identificado em parte bastante significativa das PMEs pode explicar dificuldades relacionadas à abertura de capital, em função de resistências apresentadas pelos sócios majoritários ou acionistas controladores à entrada de novos sócios na empresa e à implementação de práticas de gestão profissionalizada e, também, em razão do receio de perda do controle familiar da empresa.

A estrutura de propriedade verificada no mercado brasileiro, assim como em outros mercados emergentes, é caracterizada pela concentração de propriedade em torno de famílias ou do Estado. [274] Essa concentração, também

Alison; KONIDARIS, Tanya. SME Exchanges in Emerging Market Economies: A Stocktaking of Development Practices...; INTERNATIONAL ORGANIZATION OF SECURITIES COMMISSION (IOSCO). SME Financing Through Capital Markets...; OECD. Opportunities and Constraints of Market-Based Financing for SMEs...; WORLD FEDERATION OF EXCHANGES (WFE). Report on SME Exchanges.

272 SIMÃO, Edna. Projeto de Lei prevê Custo Menor para Captação de Pequena Empresa. *Valor Econômico*, São Paulo, 16 de janeiro de 2020. Disponível em: https://valor.globo.com/financas/noticia/2020/01/17/projeto-de-lei-preve-custo-menor-para-captacao-de-pequena-empresa.ghtml.

273 SIMÃO, Edna. Projeto de Lei prevê Custo Menor para Captação de Pequena Empresa. *Valor Econômico*, São Paulo, 16 de janeiro de 2020. Disponível em: https://valor.globo.com/financas/noticia/2020/01/17/projeto-de-lei-preve-custo-menor-para-captacao-de-pequena-empresa.ghtml.

274 PARGENDLER, Mariana. Corporate Governance in Emerging Markets. *In*: GORDON, Jeffrey N.; RINGE, Wolf-Georg (Org.). Oxford Handbook of Corporate Law and Governance.

encontrada em outras economias desenvolvidas na Europa, contrasta com a dispersão da propriedade de companhias abertas observada nos Estados Unidos e no Reino Unido.[275] No Brasil e em outros mercados emergentes é comum que os acionistas controladores exerçam o controle sobre as companhias por meio de mecanismos que permitem a dissociação entre capital e voto.[276] No caso brasileiro a incidência de ações preferenciais é bastante alta, com as ações ordinárias sendo de propriedade de membros internos e as ações sem direito a voto pertencendo a investidores externos. [277]

Uma pesquisa realizada pela Korn/Ferry e McKinsey demonstrou que nas grandes empresas há forte concentração de propriedade em torno de apenas alguns acionistas majoritários. De acordo com essa pesquisa, em média, os três maiores acionistas detêm 85% do total das ações ordinárias das grandes companhias brasileiras.[278]

Nas empresas de pequeno e médio porte o tipo de controle concentrado familiar é ainda mais significativo, já que grande parte das PMEs são de propriedade familiar.[279] Conforme observado nos capítulos anteriores, as PMEs, em geral, preocupam-se com a manutenção do controle familiar sobre a empresa, o que pode trazer certas consequências para a adoção de práticas de governança corporativa e para as escolhas de meios de financiamento empresarial. [280]

Oxford: Oxford University Press, 2015, v. 1, p. 1-29, p. 4.; PARGENDLER, Mariana. State Ownership and Corporate Governance. *Fordham Law Review*, v. 80, p. 2917, 2012; GORGA, Érica. Changing the Paradigm of Stock Ownership from Concentrated Towards Dispersed Ownership? Evidence from Brazil and Consequences for Emerging Countries. Norhwestern Journal of International Law & Business, v. 29, 2009.

275 PARGENDLER, Mariana. Corporate Governance in Emerging Markets...p. 4. KRAAKMAN, et al. *The Anatomy of Corporate Law:* A Comparative and Functional Approach...p. 73.

276 PARGENDLER, Mariana. Corporate Governance in Emerging Markets...p. 5.

277 PARGENDLER, Mariana. Corporate Governance in Emerging Markets...p. 5.

278 KORN FERRY INTERNATIONAL & MCKINSEY COMPANY. Panorama de Governança Corporativa no Brasil... p. 8, 36.

279 Ver seções 2.2 e 2.3.2.

280 Há literatura extensa demonstrando que em diversos países a propriedade concentrada familiar moldou e segue moldando a governança corporativa. Ver, por exemplo, MORCK, Randall K. (Ed.). *A History of Corporate Governance Around the World:* Family Business Groups to Professional Managers. Chicago: University of Chicago, 2005; LUBINSKI. Path Dependency and Governance in German Family Firms. *The Business History Review*, v. 85, p. 699-724, 2011, p. 703. No entanto, existem estruturas e arranjos contratuais que podem mitigar esse fator relacionado ao receio de perda do controle familiar.

Nesse sentido, há evidência na literatura de que a propriedade familiar exerce influência sobre a capacidade de financiamento das empresas, por meio do acesso dessas empresas a fontes externas de financiamento. A concentração de propriedade familiar pode restringir a capacidade de financiamento das empresas, pois as empresas de controle familiar, em geral, preferem a independência à presença de investidores externos.[281] Assim, essa preferência pode limitar as fontes de financiamento das empresas à dívida e a recursos da família.

Observa-se que, inclusive em grandes empresas brasileiras, muitos acionistas controladores preferem reter o controle das empresas, mesmo à custa de enfrentar possíveis restrições à maximização de valor da empresa a longo prazo. A maioria dos conselheiros que participaram da pesquisa realizada pela Korn Ferry e McKinsey afirmou que observa pouca ou nenhuma necessidade de alterar a estrutura de capital das empresas, o que pode resultar em menores aspirações de crescimento para a não abertura de capital.[282] Foi observado que a maior parte dos acionistas controladores tem buscado a maximização do valor sempre que isso não interfira na estrutura de controle, enquanto os acionistas minoritários têm insistido na liquidez e na maximização de valor.[283]

A persistência dos anseios de manutenção do controle familiar nas empresas, tanto de pequeno e médio porte quanto de grande porte, evidenciada também na resistência à entrada de sócios externos à família na empresa, traz reflexões possíveis a respeito do papel do direito para o desenvolvimento do mercado de capitais. Isso porque, conforme Franks *et al.*, em países com baixa proteção aos investidores e mercados financeiros menos desenvolvidos, o controle familiar persiste ao longo do tempo. Por outro lado, em países com forte proteção aos investidores e mercados financeiros desenvolvidos, as empresas familiares, no decorrer dos anos, transformam-se em companhias de propriedade dispersa.[284]

[281] HAMELIN, Anais. Influence of Family Ownership on Small Business Growth: Evidence from French SMEs. *Small Business Economics*, v. 41, p. 563-579, 2013. p. 564.

[282] KORN FERRY INTERNATIONAL & MCKINSEY COMPANY. Panorama de Governança Corporativa no Brasil... p. 31, 35. De acordo com um dos entrevistados "Membros da família e conselheiros internos claramente não querem perder ou ceder o controle das suas empresas". p. 33.

[283] KORN FERRY INTERNATIONAL & MCKINSEY COMPANY. Panorama de Governança Corporativa no Brasil... p. 35.

[284] FRANKS, Julian *et al.* The Life Cycle of Family Ownership: International Evidence. *Review of Financial Studies*, v. 25, n. 6, p. 1675, 2012.

Mais do que isso, de acordo com Gilson, observa-se a persistência da propriedade familiar em países onde o direito comercial é "ruim".[285] Em países com essa característica, o controle familiar permite que as companhias conduzam suas atividades de uma forma melhor. Isso porque em um ambiente em que o direito comercial é "ruim", o desenvolvimento das atividades das companhias depende de sua capacidade de realização de operações autoefetivadas. Isto é, operações cujas partes cumprem suas obrigações, pois é de seu auto interesse fazê-lo e não em função de uma ameaça de sanção legal.[286] A concentração de propriedade familiar facilita a realização de operações com essa característica, pois permite o desenvolvimento e a manutenção da reputação necessária. Desse modo, a persistência do controle familiar é favorecida. Isso pode explicar, em parte, a resistência à entrada de novos sócios e, consequentemente, à abertura de capital manifestada pelos pequenos e médios empresários nas entrevistas realizadas.

Por fim, as entrevistas realizadas também demonstraram que as PMEs apresentam resistência à contratação de administradores externos, o que diminui seu interesse em buscar a abertura de capital. Uma pesquisa realizada pela Korn/Ferry e McKinsey corrobora essa percepção ao demonstrar que, em função da estrutura de propriedade concentrada, há sobreposição entre propriedade e gestão das empresas, no sentido de que os membros do conselho representam o interesse dos acionistas controladores ou majoritários. Assim, a inclusão de conselheiros externos é uma prática pouco adotada, e quase metade dos respondentes dessa pesquisa afirmaram que as empresas não buscam conselheiros externos. [287]

[285] Para o autor, um direito comercial "ruim" é caracterizado por dois tipos de falhas: normas ruins, independentemente da qualidade de sua efetivação (*enforcement*) e normas boas, porém com efetivação fraca. GILSON, Ronald J. Controlling Family Shareholders in Developing Countries: Anchoring Relational Exchange. Stanford Law Review, v. 60, n. 2, p. 633-656, 2007. p. 635-636.

[286] GILSON, Ronald J. Controlling Family Shareholders in Developing Countries: Anchoring Relational Exchange...p. 636.

[287] KORN FERRY INTERNATIONAL & MCKINSEY COMPANY. Panorama de Governança Corporativa no Brasil... p. 14.

CONCLUSÕES

As pequenas e médias empresas (PMEs) desempenham um papel bastante relevante para o desenvolvimento econômico. Para tanto, a existência de condições que possibilitem a realização e expansão das atividades econômicas dessas empresas é fundamental. Uma condição relevante é o acesso a fontes de financiamento adequadas, que possam suprir as necessidades operacionais e de investimento das empresas de pequeno e médio porte. Ocorre que essas empresas enfrentam dificuldades significativas quando buscam financiamento para o desenvolvimento de suas atividades econômicas. As fontes de financiamento disponíveis são frequentemente insuficientes para suprir suas necessidades econômicas.

Como visto, o mercado de ações é uma fonte de financiamento cujo acesso por PMEs é especialmente limitado no Brasil. Diante disso, buscou-se identificar quais são os fatores que explicam a participação inexpressiva de empresas de menor porte no mercado de ações brasileiro. Para tanto, foi apresentada, no Capítulo 2, uma revisão da literatura nacional e internacional sobre os fatores que desestimulam a utilização do mercado de ações como uma fonte de financiamento por PMEs, bem como à realização de investimento em ações de empresas de menor porte por investidores.

Além disso, o trabalho buscou identificar quais são as percepções de agentes diretamente relacionados com o problema de pesquisa. Foi feito um recorte metodológico a fim de envolver dois grupos de agentes, quais sejam, os potenciais emissores e os potenciais investidores. Foram realizadas entrevistas com os sócios majoritários ou acionistas controladores de sociedades limitadas ou companhias fechadas de pequeno e médio porte, bem como com gestores de fundos de investimento em participações e de fundos de ações e, ainda, com dois gestores de um investidor institucional.

Diversamente do método de questionário adotado em parte significativa da literatura analisada, foram realizadas entrevistas diretamente com os agentes descritos anteriormente e buscou reunir suas percepções da forma mais espontânea possível. Ou seja, aos entrevistados não foram apresentados os fatores que poderiam possivelmente afastá-los da abertura de capital ou da realização de investimento em PMEs. As perguntas foram dirigidas aos entrevistados de maneira aberta, para somente depois de esgotadas suas respostas espontâneas apresentar-lhes esses motivos previamente mapeados.

O Capítulo 3 apresentou, portanto, a sistematização das percepções colhidas nas entrevistas. A partir disso, foi possível notar que a maioria dos fatores observados nas entrevistas corroborou os principais obstáculos identificados em outras pesquisas desenvolvidas por instituições nacionais e internacionais sobre o tema. O trabalho demonstrou que um fator bastante decisivo a dificultar o acesso de PMEs ao mercado de ações envolve os custos relacionados ao processo de abertura de capital e de manutenção da condição de companhia aberta.

Além disso, o trabalho evidenciou que o financiamento das empresas de menor porte por meio do mercado de ações também encontra obstáculo na persistência do controle familiar. De maneira mais específica, o trabalho destacou que existe, de modo bastante significativo entre os sócios majoritários e acionistas controladores entrevistados, um receio de se perder o controle da empresa com a abertura de capital. Mais do que isso, as entrevistas realizadas com esses empresários demonstraram que as empresas de menor porte deixam de acessar o mercado de ações também por resistência à entrada de novos sócios, externos à família, na empresa.

Observou-se que a participação inexpressiva de PMEs no mercado de ações também é explicada pela resistência dos sócios majoritários e acionistas controladores à profissionalização da gestão da empresa, com a implementação de conselho de administração e contratação de diretores e conselheiros externos à família. As entrevistas realizadas também ressaltaram a resistência apresentada por PMEs ao cumprimento de requisitos de divulgação de informações, necessários para a abertura de capital e manutenção de uma companhia aberta.

A resistência à implementação de práticas de governança corporativa por PMEs foi bastante observada pelos gestores de fundos de investimento entrevistados. Como visto, esse é um dos principais motivos que, na percepção dos entrevistados, dificulta a realização de investimentos em PMEs no Brasil. É interessante observar que esse é um obstáculo que não estava presente, com a mesma ênfase, em outros estudos sobre o tema. Assim, o trabalho demonstrou que os investidores também observam nas PMEs certa resistência à implementação de práticas de governança corporativa, como o estabelecimento de um conselho de administração com a presença de membros externos à família; a criação de um departamento de relações com investidores; a elaboração e divulgação de demonstrações financeiras e de outras informações sobre a empresa.

Do ponto de vista dos investidores, a pesquisa ainda demonstrou que a baixa liquidez de ações de PMEs no mercado também é um obstáculo que desencoraja a realização de investimentos em empresas desse porte. Essa falta de liquidez, aliada ao maior risco inerente ao investimento em ações e à alta taxa de juros observada no mercado brasileiro reduz o interesse dos investidores por ações de PMEs. Ademais, os gestores entrevistados também ressaltaram a falta de interesse dos investidores por investimentos de longo prazo, o que seria necessário para a existência de um interesse mais significativo pelo investimento em renda variável e, em especial, por ações de PMEs.

Comparados os fatores percebidos a partir das entrevistas com aqueles previamente observados pela literatura sobre o tema, o Capítulo 4 buscou analisar cinco aspectos que preponderaram nessa observação conjunta. Assim, o capítulo em questão analisou como esses cinco fatores explicam a participação inexpressiva de PMEs no mercado de ações brasileiro. Partindo dessa análise, o capítulo ainda apresentou breves reflexões sobre a influência do direito no desenvolvimento do mercado de capitais.

Por todo o exposto, verificou-se que os fatores que dificultam o financiamento de empresas de menor porte por meio do mercado de ações estão mapeados. Foi empregado um método de pesquisa substancialmente diverso dos utilizados por outros estudos sobre o tema e contribuiu corroborando grande parte dos principais motivos identificados por esses estudos, bem como identificando outros fatores que influenciam o problema de pesquisa.

Como observado anteriormente, as dificuldades de acesso de PMEs ao mercado de ações foram analisadas a partir das perspectivas dos emissores e dos investidores, não sendo abordadas questões atinentes aos agentes intermediários desse mercado. Assim, pesquisas futuras que observem a relação entre intermediários e o financiamento de empresas de menor porte por meio do mercado de ações podem trazer contribuições ao problema de pesquisa estudado.

Uma vez identificados os obstáculos ao financiamento de PMEs por meio do mercado de ações no Brasil é possível conjecturar medidas com o objetivo de ampliar o acesso dessas empresas a esse mercado.[288] Para isso, diversas medidas já foram adotadas e outras poderiam ser implementadas ou ampliadas a fim de minimizar os obstáculos identificados por este trabalho.

Os custos para a abertura de capital e de manutenção de uma companhia aberta, apesar de já terem sido objeto de análises e reformas que buscaram reduzi-los, ainda representam um obstáculo para muitas empresas. Em função disso, a realização de novos estudos – e consequentes reformas na legislação e na regulação – com o objetivo de identificar como diminuir os custos existentes pode contribuir para minimizar esse obstáculo.

Nessa reflexão seria especialmente importante observar se existem, e em caso positivo, quais são, exigências em que há sobreposição de regulação, com a previsão de obrigações duplicadas por órgãos diversos, por exemplo. Além disso, considerando a existência e o constante aprimoramento de novas tecnologias aptas a reduzir determinados custos verificados no processo de abertura de capital, outro possível encaminhamento para essa dificuldade

[288] De acordo com o observado no capítulo metodológico desta obra, esta é uma pesquisa descritiva, que buscou identificar quais são os fatores que podem explicar a participação inexpressiva de pequenas e médias empresas no mercado de ações. Ou seja, esta pesquisa não teve como objetivo propor alterações, legislativas ou regulatórias, a fim de ampliar o acesso de pequenas e médias empresas ao mercado de ações no Brasil. De todo modo, a partir dos fatores identificados por esta obra, nesta conclusão são apresentadas breves reflexões sobre possíveis encaminhamentos a fim de ampliar as possibilidades de financiamento de empresas de menor porte por meio do mercado de ações.

seria a realização de estudos e adoção de práticas que pudessem incentivar o desenvolvimento e aplicação dessas novas tecnologias.[289]

Com relação ao obstáculo relacionado às obrigações de divulgação de informações e aos custos decorrentes do cumprimento dessas obrigações, uma possível medida para reduzir o impacto desse fator seria a exclusão da obrigação de publicação das informações em jornais impressos, que poderiam ser divulgadas no site das companhias, bem como em sistemas específicos da CVM e da B3. Ou, ainda, poderia ser exigida a publicação apenas nas versões digitais dos jornais de grande circulação. Isso porque, esse é um custo que não agrega em termos de quantidade ou qualidade das informações divulgadas pelas companhias, uma vez que, atualmente, essas informações podem ser facilmente verificadas em outros meios de comunicação.

Ademais, a realização de pesquisas e debates entre os agentes de mercado, a CVM e a B3, buscando reavaliar as exigências de divulgação de informações atualmente existentes também poderia contribuir. Como demonstrado, o cumprimento de obrigações de divulgação de informações por PMEs pode importar no compartilhamento de informações estratégicas para a competição dessas empresas no mercado. Assim, seria relevante buscar identificar se há, e quais são, determinadas informações cuja obrigação de divulgação pelos emissores prejudica sua competitividade e, por outro lado, não agrega à tomada de decisão por investidores.

Outro possível encaminhamento para as dificuldades identificadas consiste na ampliação da divulgação do Bovespa Mais. Esse é um segmento de listagem, criado pela B3, idealizado para tornar o mercado de ações acessível a um número maior de empresas e voltado a empresas que queriam acessar o mercado de capitais de maneira gradativa.[290] Com requisitos de listagem adequados a esse objetivo de entrada gradativa, essa é uma iniciativa que pode atenuar a resistência e receio, apresentados por determinadas empresas,

[289] Por exemplo, observa-se o caso de um software que pode realizar em segundos tarefas, como a revisão de documentos, que quando realizadas por advogados levam cerca de trezentos e sessenta mil horas. SON, Hugh. JPMorgan software does in seconds what took lawyers 360,000 hours. *Independent*, Reino Unido, 28 fev. 2017. Disponível em: https://www.independent.co.uk/news/business/news/jp-morgan-software-lawyers-coin-contract-intelligence-parsing-financial-deals-seconds-legal-working-a7603256.html.

[290] Conforme folheto informativo do Bovespa Mais, p. 2, disponível em: http://www.bmfbovespa.com.br/pt_br/listagem/acoes/segmentos-de-listagem/bovespa-mais/.

de perda do controle, de entrada de novos sócios e de implementação de práticas de gestão profissionalizada.[291] Porém, a partir das entrevistas realizadas foi possível identificar grande desconhecimento do Bovespa Mais por parte dos pequenos e médios empresários entrevistados.[292] Assim, a aproximação dos agentes de mercado e da própria bolsa de valores com os pequenos e médios empresários é outra medida relevante.

Por fim, quanto aos obstáculos relacionados à baixa liquidez, alta taxa de juros e maior risco característico do investimento em ações de PMEs, observa-se que o cenário econômico atual favorece os investimentos em renda variável. A diminuição da taxa de juros tem incentivado a realização de investimentos de maior risco, em busca de um retorno melhor do que o encontrado no investimento em renda fixa. A perpetuação desse cenário pode trazer mais investidores para esse segmento e, assim, melhorar o cenário de baixa liquidez verificado atualmente. Um maior volume de companhias abertas com ações em bolsa pode aumentar a liquidez, bem como favorecer a criação de um mercado específico para PMEs, com agentes de mercado especializados no segmento.

291 No Bovespa Mais as empresas podem realizar a listagem sem a necessidade de colocar, de imediato, ações em circulação no mercado. Ao se listar na B3 a empresa tem até sete anos para realizar o IPO. Disponível em: http://www.bmfbovespa.com.br/pt_br/listagem/acoes/segmentos-de-listagem/bovespa-mais/.

292 Entre os nove entrevistados, apenas dois sabiam da existência do segmento de listagem.

REFERÊNCIAS

AGÊNCIA BRASILEIRA DE DESENVOLVIMETO INDUSTRIAL (ABDI). *A Indústria de* Private Equity *e* Venture Capital: 2º Censo Brasileiro, 2009. Disponível em: http://www.abdi.com.br/Estudo/Private_Equity_e_Venture_Censo.pdfribeiro.

AGÊNCIA BRASILEIRA DE DESENVOLVIMENTO INDUSTRIAL (ABDI); BNDES; BM&FBOVESPA, CVM, FINEP. Diagnóstico do Grupo de Trabalho, Experiências Internacionais, Utilização do Mercado de Capitais para o Financiamento de Pequenas e Médias Empresas por Meio de Ações, 2012. Disponível em: http://www.bmfbovespa.com.br/lumis/portal/file/fileDownload.jsp?fileId=8A828D294F270E45014F6BD476AB2CDD.

AGÊNCIA BRASILEIRA DE DESENVOLVIMENTO INDUSTRIAL (ABDI); COZZI, Afonso; ZEIDAN, Rodrigo; LEONEL, Solange; NETO, Amir. *Incentivos à Abertura de Capital em Bolsa de Valores:* Relatório Final. 2013. Disponível em: http://acervo.ci.fdc.org.br/AcervoDigital/Relatórios%20de%20Pesquisa/Relatórios%20de%20pesquisa%202013/Incentivos%20a%20abertura.pdf.

ASSOCIAÇÃO BRASILEIRA DAS ENTIDADES DOS MERCADOS FINANCEIRO E DE CAPITAIS (ANBIMA). Novo Grupo de Trabalho do Governo Busca Desenvolvimento do Mercado de Capitais Brasileiro. Anbima – Notícias. 4 jun. 2019. Disponível em: https://www.anbima.com.br/pt_br/noticias/novo-grupo-de-trabalho-do-governo-busca-desenvolvimento-do-mercado-de-capitais-brasileiro.htm.

ARDIC, Oya; MYLENKO, Nataliya; SALTANE, Valentina. Small and Medium Enterprises: A Cross-Country Analysis with a New Data Set. *World Bank Policy Research Working Paper 5538*, 2011. Disponível em: http://documents.worldbank.org/curated/pt/967301468339577330/Small-and-medium-enterprises-a-cross-country-analysis-with-a-new-data-set.

ARMOUR, John; LELE, Priya. Law, Finance and Politics: The Case of India. *Law & Society Review*, v. 43, n. 3, p. 491-526, 2009.

AYYAGARI, Meghana; BECK, Thorsten; DEMIRGÜÇ-KUNT, Asli. Small and Medium Enterprises Across the Globe. *Small Business Economics*, v. 29, p. 415-434, 2007.

AYYAGARI, Meghana; DEMIRGÜC-KUNT, Asli; MAKSIMOVIC, Vojislav. Small vs. Young Firms Across the World: Contribution to Employment, Job Creation, and Growth – *World Bank Policy Research Working Paper 5631*, 2011.

BECK; Thorsten; DEMIRGÜÇ-KUNT, Asli; MAKSIMOVIC, Vojislav. Financing Patterns Around the World: Are Small Firms Different? *Journal of Financial Economics*, v. 89, n. 3, p. 467-487, 2008.

BLACK, Julia. Financial Markets. *In*: CANE, Peter; KRITZER, Herbert. *The Oxford Handbook of Empirical Legal Research*. Oxford: Oxford University Press, 2010. p. 151-175.

BOOTH, Wayne C.; COLOMB, Gregory G.; WILLIAMS, Joseph M. *A Arte da Pesquisa*. São Paulo: Martins Fontes, 2008.

CARDOSO, Fernando Henrique. *Empresário Industrial e Desenvolvimento Econômico no Brasil*. São Paulo: Difusão Europeia do Livro, 1964.

CELLARD, Andre. A Análise Documental. *In*: PIRES, Álvaro P. *et al*. *A Pesquisa Qualitativa:* Enfoques Epistemológicos e Metodológicos. Petrópolis: Vozes, 2008.

CENTRO DE ESTUDOS DE MERCADO DE CAPITAIS (CEMEC). Pesquisa de Acesso ao Mercado de Capitais. 2012. Disponível em: http://ibmec.org.br/instituto/wp-content/uploads/2014/10/Pesquisa-de-Acesso-ao-Mercado-de-Capitais.pdf.

CENTRO DE ESTUDOS DE MERCADO DE CAPITAIS (CEMEC). Relatório Trimestral de Financiamento dos Investimentos no Brasil. 2017. Disponível em: http://ibmec.org.br/instituto/wp-content/uploads/2014/10/NOTA-CEMEC-02_2017-Padrao-de-Financiamento-das-Empresas-2000-a-2016.pdf.

CENTRO DE ESTUDOS EM PRIVATE EQUITY E VENTURE CAPITAL DA EAESP (GVCEPE). Panorama da Indústria Brasileira de *Private Equity* e *Venture Capital*. Relatório de Pesquisa, 2008. Disponível em: https://bibliotecadigital.fgv.br/dspace/bitstream/handle/10438/13439/Panorama%20da%20ind%C3%BAstria%20brasileira%20de%20Private%20Equity%20e%20Venture%20Vapital_2008.pdf?sequence=1&isAllowed=y.

DAVIS, Kevin; TREBILCOCK, Michael. The Relationship between Law and Development: Optimists versus Skeptics. *The American Journal of Comparative Law*, v. 56, n. 4, p. 895-946, 2008.

DELOITTE. Custos para Abertura de Capital no Brasil: Uma Análise sobre as Ofertas entre 2005 e 2017. Disponível em: https://www2.deloitte.com/content/dam/Deloitte/br/Documents/audit/Abertura%20Capital%20(006).pdf.

DELLOITE; INSTITUTO BRASILEIRO DE RELAÇÕES COM INVESTIDORES (IBRI). Jornada da Captação: Transformação Financeira na Busca de Recursos. Disponível em: http://www.ibri.com.br/Upload/Arquivos/novidades/3921_Pesquisa_IBRI_Deloitte_22062017.pdf.

DIAS, Luciana P.; PEREIRA, Cristina; ARANHA, Bruno Caldas. O Financiamento das Empresas e o Acesso ao Mercado de Capitais por Pequenas e Médias Empresas – Projeto Ofertas Menores. *In*: SARDENBERG, Amarílis Prado (Org.). *Desenvolvimento do Mercado de Capitais no Brasil:* Temas para Reflexão. São Paulo: Editora Sociologia e Política, 2015.

DJANKOV, Simeon *et al*. The Law and Economics of Self-Dealing. *Journal of Financial Economics*, v. 88, n. 3, p. 430-465, 2008.

DOIDGE, Craig; KAHLE, Kathleen; KAROLYI, Andrew; STULZ, René. Eclipse of the Public Corporation or Eclipse of the Public Markets? *ECGI Working Paper n. 547*, 2018.

EASTERBROOK, Frank; FISCHEL, Daniel. Mandatory Disclosure and the Protection of Investors. *Virginia Law Review*, v. 70, p. 669-715, 1984.

ENRIQUES, Luca; GILOTTA, Sergio. Disclosure and Financial Market Regulation. *In*: MOLONEY, Niamh; FERRAN, Eilís; PAYNE, Jennifer. *The Oxford Handbook of Financial Regulation*. Oxford: Oxford University Press, 2015.

EPSTEIN, Lee; KING, Gary. The Rules of Inference. *The University of Chicago Law Review*, 2002.

FERRARINI, Guido; OTTOLIA, Andrea. Corporate Disclosure as a Transaction Cost: The Case of SMEs. *European Review of Contract Law*, v. 9, n. 4, p. 363-386, 2013.

FRANKS, Julian *et al*. The Life Cycle of Family Ownership: International Evidence. *Review of Financial Studies*, v. 25, n. 6, p. 1675, 2012.

FOX, Merritt. Retaining Mandatory Securities Disclosure: Why Issuer Choice is not Investor Empowerment. *Virginia Law Review*, v. 85, n. 7, p. 1335-1419, 1999.

FOX, Merritt. Regulating Public Offerings of Truly New Securities: First Principles. *Duke Law Journal*, v. 66, p. 673-727, 2016.

GILSON, Ronald J. Controlling Family Shareholders in Developing Countries: Anchoring Relational Exchange. *Stanford Law Review*, v. 60, n. 2, p. 633-656, 2007.

GORGA, Érica. Culture and Corporate Law Reform: A Case Study of Brazil. *University of Pennsylvania Journal of International Economic Law*, v. 27, n. 3, p. 803-905, 2006.

GORGA, Érica. Changing the Paradigm of Stock Ownership from Concentrated Towards Dispersed Ownership? Evidence from Brazil and Consequences for Emerging Countries. *Northwestern Journal of International Law & Business*, v. 29, p. 439-554, 2009.

GORGA, Érica. *Direito Societário Atual*. Rio de Janeiro: Elsevier, 2013.

HAMELIN, Anais. Influence of Family Ownership on Small Business Growth: Evidence from French SMEs. *Small Business Economics*, v. 41, p. 563-579, 2013.

HARWOOD, Alison; KONIDARIS, Tanya. SME Exchanges in Emerging Market Economies: A Stocktaking of Development Practices. *World Bank Policy Research Working Paper n. 7160*, 2015.

INSTITUTO BRASILEIRO DE RELAÇÕES COM INVESTIDORES (IBRI); DELLOITE. Rumo à Abertura de Capital: Percepções das Empresas Emergentes sobre os Entraves e Benefícios, 2013. Disponível em: https://www2.deloitte.com/content/dam/Deloitte/br/Documents/audit/RumoAberturaCapital-IBRI.pdf.

INTERNATIONAL FINANCE CORPORATION (IFC). The SME Banking Knowledge Guide, 2010. Disponível em: https://www.ifc.org/wps/wcm/connect/b4f9be0049585ff9a192b519583b6d16/SMEE.pdf?MOD=AJPERES.

INTERNATIONAL ORGANIZATION OF SECURITIES COMMISSION (IOSCO). SME Financing Through Capital Markets, Final Report, 2015. Disponível em: https://www.iosco.org/library/pubdocs/pdf/IOSCOPD493.pdf.

INTERNATIONAL ORGANIZATION OF SECURITIES COMMISSION (IOSCO). Market-Based Long-Term Financing Solutions for SMEs and Infrastructure, 2014. Disponível em: https://www.iosco.org/library/pubdocs/pdf/IOSCOPD452.pdf.

KRAAKMAN, *et al. The Anatomy of Corporate Law:* A Comparative and Functional Approach. 3. ed. Oxford: Oxford University Press, 2017.

KORN FERRY INTERNATIONAL & MCKINSEY COMPANY. An Overview of Corporate Governance in Brazil, 2001. Disponível em: http://www.ecgi.global/code/panorama-de-governança-corporativa-no-brasil-report-mckinsey-company-and-kornferry.

LA PORTA, R.; LOPEZ-DE-SILANES, F.; SHLEIFER, A. The Economic Consequences of Legal Origins. *Journal of Economic Literature*, v. 46, n. 2, p. 285-332, 2008.

LA PORTA, R.; LOPEZ-DE-SILANES, F.; SHLEIFER, A.; VISHNY, R. Investor Protection and Corporate Governance. *Journal of Financial Economics*, v. 58, n.1, p. 3-27, 2000.

LA PORTA, R.; LOPEZ-DE-SILANES, F.; SHLEIFER, A.; VISHNY, R. Law and Finance. *Journal of Political Economy*, v. 106, p. 1113-1155, 1998.

LA PORTA, R.; LOPEZ-DE-SILANES, F.; SHLEIFER, A.; VISHNY, R. Legal Determinants of External Finance. *Journal of Finance*, v. 52, p. 1131-1150, 1997.

LEUZ, Christian; WYSOCKI, Peter. The Economics of Disclosure and Financial Reporting Regulation: Evidence and Suggestions for Future Research. *Journal of Accounting Research*, v. 54, n. 2, p. 525-622, 2016.

LEVINE, Ross. Financial Development and Economic Growth: View and Agenda. *Journal of Economic Literature*, v. 35, p. 688-726, 1997.

LUBINSKI. Path Dependency and Governance in German Family Firms. *The Business History Review*, v. 85, p. 699-724, 2011.

MATTOS FILHO, Ary Oswaldo; VILELA, Renato; RODRIGUES, Virgínia. Perplexidades do Mercado Secundário. *In*: VELLOSO, João Paulo dos Reis (Org.). *Superando o Drama Brasileiro – Brasil – 2022:* Bicentenário da Independência. Rio de Janeiro: Fórum Nacional, 2016. p. 367-372. v. 1.

MAYER, Colin. Economic Development, Financial Systems, and the Law. *In*: MOLONEY, Niamh; FERRAN, Eilís; PAYNE, Jennifer. *The Oxford Handbook of Financial Regulation.* Oxford: Oxford University Press, 2015. p. 42-67.

MORCK, Randall K. (Ed.). *A History of Corporate Governance Around the World:* Family Business Groups to Professional Managers. Chicago: University of Chicago, 2005.

NASSR, Iota; WEHINGER, Gert. Opportunities and Limitations of Public Equity Markets for SMEs. *OECD Journal Financial Market Trends*, v. 2015/1, p. 49-84, 2016.

OECD. Opportunities and Constraints of Market-Based Financing for SMEs, 2015. Disponível em: https://www.oecd.org/finance/financial-markets/Opportunities-and-Constraints-of-Market-based-Financing-for-SMEs.pdf.

OECD. New Approaches to SME and Entrepreneurship Financing: Broadening the Range of Instruments, 2015. Disponível em: https://www.oecd.org/cfe/smes/New-Approaches-SME-full-report.pdf.

PARGDENDLER, Mariana. *Evolução do Direito Societário:* Lições do Brasil. São Paulo: Saraiva, 2013.

PARGENDLER, Mariana. Corporate Governance in Emerging Markets. *In*: GORDON, Jeffrey N.; RINGE, Wolf-Georg (Org.). *Oxford Handbook of Corporate Law and Governance.* Oxford: Oxford University Press, 2015, p. 1-29. v. 1.

PARGENDLER, Mariana. State Ownership and Corporate Governance. *Fordham Law Review*, v. 80, p. 2917-2973, 2012.

PINHEIRO, Vinícius. Falta de IPO de Empresa Menor é "Fraqueza" do Mercado Brasileiro. *Valor Econômico*, São Paulo, 16 abr. 2012. Disponível em: http://www.valor.com.

br/financas/2618104/cvm -falta-de-ipo-de-empresa-menor-e-fraqueza-do-mercado-brasileiro.

PIRES, Álvaro P. Amostragem e Pesquisa Qualitativa: Ensaio Teórico e Metodológico. *In*: PIRES, Álvaro P. *et al*. *A Pesquisa Qualitativa*. Enfoques Epistemológicos e Metodológicos. Petrópolis: Vozes, 2008.

PRADO, Viviane Muller; MATTOS FILHO, Ary Oswaldo. Tentativas de Desenvolvimento do Mercado Acionário Brasileiro desde 1964. *In*: LIMA, Maria Lucia Padua (Org.). *Agenda Contemporânea:* Direito e Economia – 30 Anos de Brasil. São Paulo: Saraiva, 2012. p. 189-235. v. II

RAGAZZI, Ana Paula; TORRES, Fernando. PAC-PME Lança Site Educacional para Pequenas e Médias. *Valor Econômico,* São Paulo, 21 nov. 2012. Disponível em: http://www.valor.com.br/empresas/2914180/pac-pme-lanca-site-educacional-para-pequenas-e-medias.

RAGAZZI, Ana Paula. Plano Abre Mercado de Ações para Pequena e Média Empresa. *Valor Econômico,* São Paulo, 17 out. 2012. Disponível em: http://www.valor.com.br/empresas/2868990/plano-abre-mercado-de-acoes-pequena-e-media-empresa.

RAJAN, Raghuram; ZINGALES, Luigi. Financial Dependence and Growth. The American Economic Review, v. 88, n. 3, p. 559-586, 1998.

RIBEIRO, Leonardo. High-Growth SMEs and the Availability of Private Equity and Venture Capital in Brazil. Disponível em: https://papers.ssrn.com/sol3/papers.cfm?abstract_id=1082438.

ROCCA, Carlos A. *Elementos para uma Estratégia Nacional de Acesso ao Mercado de Capitais:* Diagnóstico e Propostas. Rio de Janeiro: Publit, 2013.

SCHON, Wolfgang. Corporate Disclosure in a Competitive Environment: The Quest for a European Framework on Mandatory Disclosure. *Journal of Corporate Law Studies,* v. 6, p. 259-298, 2006.

SEBRAE. Participação das Micro e Pequenas Empresas na Economia Brasileira, 2014. Disponível em: https://www.sebrae.com.br/Sebrae/Portal%20Sebrae/Estudos%20e%20Pesquisas/Participacao%20das%20micro%20e%20pequenas%20empresas.pdf.

SIEMS, Mathias; DEAKIN, Simon. Comparative Law and Finance: Past, Present and Future Research. *Journal of Institutional and Theoretical Economics,* v. 166, n. 1, p. 120-140, 2010.

SIMÃO, Edna. Projeto de Lei prevê Custo Menor para Captação de Pequena Empresa. *Valor Econômico,* São Paulo, 16 jan. 2020. Disponível em: https://valor.globo.com/financas/noticia/2020/01/17/projeto-de-lei-preve-custo-menor-para-captacao-de-pequena-empresa.ghtml.

SON, Hugh. JPMorgan Software Does in Seconds What Took Lawyers 360,000 Hours. *Independent,* Reino Unido, 28 fev. 2017. Disponível em: https://www.independent.co.uk/news/business/news/jp-morgan-software-lawyers-coin-contract-intelligence-parsing-financial-deals-seconds-legal-working-a7603256.html.

SPAMANN, Holger. The "Antidirector Rights Index" Revisited. *Review of Financial Studies,* v. 23, n. 2, p. 467-485, 2009.

WEMBLEY, Lisa. Qualitative Approaches to Empirical Legal Research. *In*: CANE, Peter; KRITZER, Herbert. *The Oxford Handbook of Empirical Legal Research*. Oxford: Oxford University Press, 2010. p. 927-948.

WORLD FEDERATION OF EXCHANGES (WFE). SME Financing and Equity Markets, 2017. Disponível em: https://www.world-exchanges.org/focus/index.php/features/research/111-wfe-publishes-report-into-sme-financing-equity-markets.

WORLD FEDERATION OF EXCHANGES (WFE). Report on SME Exchanges, 2017. Disponível em: https://www.world-exchanges.org/home/index.php/files/18/Studies----Reports/310/WFE-Report-on-SME-Exchanges.pdf.

WORLD FEDERATION OF EXCHANGES (WFE); MILKEN INSTITUTE. Small and Medium-Sized Enterprises and SME Exchanges, 2017. Disponível em: http://www.milkeninstitute.org/publications/view/865.

WORLD TRADE ORGANIZATION (WTO). Levelling Trading Field for SMEs – World Trade Report, 2016. Disponível em: https://www.wto.org/english/res_e/booksp_e/world_trade_report16_e.pdf.

WYMAN, Oliver. Towards Better Capital Market Solutions for SME Financing, 2014. Disponível em: http://www.oliverwyman.com/content/dam/oliver-wyman/global/en/files/insights/financial-services/2014/July/FINAL3_BetterCapitalMarketMechanismsSMEs.pdf.

Anexos

Anexo 1
Roteiro de Entrevista
Sociedades Limitadas ou Companhias Fechadas

Fontes de Financiamento

1. Quais são as principais fontes de financiamento utilizadas pela empresa para financiar os investimentos e também as suas operações?

2. Caso não tenha sido mencionado entre as fontes principais: A empresa utiliza algum tipo de crédito direcionado? (BNDES, Finame, BRDE).

3. Como você avalia as fontes e os termos de financiamento obtidos pela empresa? Eles atendem de forma adequada às suas necessidades operacionais e alternativas de investimento?

4. Como você avalia o interesse da empresa em se valer do mercado de valores mobiliários como fonte de financiamento?

5. A empresa já cogitou abrir seu capital e emitir ações na bolsa? Em caso negativo, por quê? Quais fatores desestimularam a empresa a considerar essa alternativa? Em caso positivo, quando e o que foi realizado pela empresa no sentido de vir a emitir ações? Quais fatores fizeram com que essa alternativa fosse descartada pela empresa?

( ) Custos necessários para atender exigências regulatórias – antes, durante e após o IPO;
( ) Custo de contratação de assessoria especializada;
( ) Mudança de cultura organizacional;
( ) Estrutura familiar da empresa e receio de perder o controle da companhia;
( ) Volatilidade do mercado acionário;

( ) Pouca familiaridade com o mercado de capitais;
( ) Percepção de que a empresa é pequena e que o mercado de capitais é destinado a grandes emissores;
( ) Falta de empregados qualificados;
( ) Deságio sobre o preço da ação;
( ) Falta de investidores interessados em adquirir as ações e as incertezas a respeito do sucesso da oferta, após a empresa já ter pago os custos do IPO;
( ) Falta de liquidez no mercado secundário.

6. Quais atrativos a empresa observa na opção de abrir capital com emissão de ações na bolsa?

( ) Levantar recursos para investimentos produtivos/crescimento da empresa;
( ) Minimizar o custo do capital;
( ) Aumentar o valor da empresa para uma venda futura;
( ) Aumentar a visibilidade/reputação da empresa;
( ) Permitir a saída de um ou mais investidores principais;
( ) Aproveitar o reaquecimento do mercado de ações;
( ) Acompanhar a tendência de empresas do setor que foram a público;
( ) Diversificar as fontes de financiamento.

7. Na sua visão, quais medidas poderiam ser adotadas para que as pequenas e médias empresas se utilizassem do mercado de valores mobiliários como forma de capitalizar a sociedade?

Bovespa Mais

8. A empresa conhece o segmento de acesso ao mercado de capitais denominado Bovespa Mais? Em caso positivo, qual a sua visão com relação a esse segmento de listagem?

Dados Gerais

9. Qual é seu cargo na empresa?

10. Quando você assumiu esse cargo?

11. Quais posições você ocupou anteriormente na empresa?

12. Fora da empresa, qual foi o último cargo que você ocupou?

13. Quem são os sócios ou acionistas da empresa?

14. Com relação aos administradores da empresa, existe identidade entre esses e os sócios ou acionistas da empresa? Os administradores têm vínculos familiares com os sócios?

15. Qual é a atividade econômica exercida pela empresa?

16. Há quanto tempo a empresa está em operação?

17. Quantos empregados a empresa possui?

Anexo 2
Roteiro de Entrevista
Investidores – Gestores de Fundos de Investimento em Participações

1. Quais são os principais títulos que compõem a carteira dos fundos geridos pela instituição?

2. Os fundos geridos pela instituição possuem investimento significativo em pequenas e médias empresas? De que forma esses investimentos ocorrem?

3. Na sua visão, quais são as principais dificuldades encontradas para investir em pequenas e médias empresas?

4. Alguma das empresas investidas pela gestora buscaram a abertura de capital e a emissão de ações? Em caso positivo, quais foram as principais dificuldades encontradas no processo de abertura de capital? E quais os principais benefícios alcançados pela companhia investida com a abertura de capital?

5. Com relação às companhias investidas pela gestora que não buscaram abertura de capital, como você avalia o interesse delas em se valer dessa opção? Quais são os principais fatores de resistência apresentados pelos sócios/administradores?

( ) Custos necessários para atender exigências regulatórias – antes, durante e após o IPO;
( ) Custo de contratação de assessoria especializada;
( ) Mudança de cultura organizacional;
( ) Estrutura familiar da empresa e receio de perder o controle da companhia;
( ) Volatilidade do mercado acionário;
( ) Pouca familiaridade com o mercado de capitais;

( ) Percepção de que a empresa é pequena e que o mercado de capitais é destinado a grandes emissores;

( ) Falta de empregados qualificados;

( ) Deságio sobre o preço da ação;

( ) Falta de investidores interessados em adquirir as ações e as incertezas a respeito do sucesso da oferta, após a empresa já ter pago os custos do IPO;

( ) Falta de liquidez no mercado secundário.

6. De acordo com a sua experiência, há um interesse significativo entre os investidores por ações negociadas em bolsa de pequenas e médias empresas?

7. Na sua visão, quais medidas poderiam ser adotadas para que a atratividade de investimento em ações negociadas em bolsa de pequenas e médias empresas seja ampliada?

8. Qual a sua visão com relação ao segmento de listagem Bovespa Mais?

Anexo 3
Roteiro de Entrevista
Investidores – Gestores de Fundos de Investimento em Ações

1. Quais são os principais títulos que compõem a carteira dos fundos geridos pela instituição?

2. Os fundos geridos pela instituição possuem investimento significativo em pequenas e médias empresas? De que forma esses investimentos ocorrem?

3. Quais os atrativos relacionados à opção de investir em ações de companhias de pequeno e médio porte?

4. Na sua visão, quais são as principais dificuldades encontradas para investir em pequenas e médias empresas?

5. De acordo com a sua experiência, há um interesse significativo entre os investidores por ações negociadas em bolsa de pequenas e médias empresas?

6. Na sua visão, quais medidas poderiam ser adotadas para que a atratividade de investimento em ações negociadas em bolsa de pequenas e médias empresas seja ampliada?

7. Como você avalia o perfil brasileiro de investimento? Como esse perfil interfere na decisão de investimento no mercado acionário, principalmente com foco em pequenas e médias empresas?

8. Qual a sua visão com relação ao segmento de listagem Bovespa Mais?